国家出版基金项目

NATIONAL PUBLICATION FOUNDATION

"十四五"国家重点图书出版规划项目

中国语言文化典藏系列　组委会

主　任

田学军

执行主任

田立新

成　员

曹志耘 王莉宁 李锦芳 主编

中国语言文化典藏·景洪傣语

保明所 玉腊光罕

岩温罕 希利补发 著

商务印书馆
SINCE 1897
The Commercial Press

　　随着现代化、城镇化的快速发展，我国的语言方言正在迅速发生变化，而与地域文化相关的语言方言现象可能是其中变化最剧烈的一部分。也许我们还会用方言说"你、我、他"，但已无法说出婚丧嫁娶各个环节的方言名称了。也许我们还会用方言数数，但已说不全"一脚穷，两脚富……"这几句俗语了。至于那些世代相传的山歌、引人入胜的民间故事，更是早已从人们的生活中销声匿迹。而它们无疑是语言方言的重要成分，更是地域文化的精华。遗憾的是，长期以来，我们习惯于拿着字表、词表去调查方言，习惯于编同音字汇、编方言词典，而那些丰富生动的方言文化现象往往被忽略了。

　　2017年，中共中央办公厅、国务院办公厅《关于实施中华优秀传统文化传承发展工程的意见》首次提出"保护传承方言文化"。2020年，国务院办公厅《关于全面加强新时代语言文字工作的意见》明确提出"科学保护方言和少数民族语言文字"。语言方言及其文化的保护传承写进党和政府的重要文件，具有重要的历史意义。党中央、国务院的号召无疑是今后一个时期内，我国语言文字工作领域和语言学界、方言学界的重要使命，需要我们严肃对待，认真落实。

　　中国语言资源保护工程于2015年启动，已于2019年顺利完成第一期建设任务。针对我国传统语言方言文化现象快速消失的严峻形势，语保工程专门设了102个语言文化调查点（包括25个少数民族语言文化点和77个汉语方言文化点），按照统一规范对语言方言文化现象开展实地调查和音像摄录工作。

　　为了顺利开展这项工作，我们专门编写出版了《中国方言文化典藏调查手册》（商务印书馆，2015年）。手册制定了调查、语料整理、图册编写、音像加工、资料提交各个阶段的工作规范；并编写了专用调查表，具体分为9个大类：房屋建筑、日常用具、服饰、饮食、农工百艺、日常活动、婚育丧葬、节日、说唱表演，共800多个调查条目。

调查方法采用文字和音标记录、录音、摄像、照相等多种手段。除了传统的记音方法以外，还采用先进的录音设备和录音软件，对所有调查条目的说法进行录音。采用高清摄像机，与录音同步进行摄像；此外，对部分语言方言文化现象本身（例如婚礼、丧礼、春节、元宵节、民歌、曲艺、戏剧等）进行摄像。采用高像素专业相机，对所有调查条目的实物或活动进行拍照。

这项开创性的调查工作获得了大量前所未有的第一手材料。为了更好地保存利用这批珍贵材料，推出语保工程标志性成果，在教育部语言文字信息管理司的领导下，在商务印书馆的鼎力支持下，在各位作者、编委、主编、编辑和设计人员的共同努力下，我们组织编写了《中国语言文化典藏》系列丛书。经过多年的努力，现已完成50卷典藏书稿，其中少数民族语言文化典藏13卷，汉语方言文化典藏37卷。丛书以调查点为单位，以调查条目为纲，收录语言方言文化图片及其名称、读音、解说，以图带文，一图一文，图文并茂，EP同步。每卷收图600幅左右。

我们所说的"方言文化"是指用特殊方言形式表达的具有地方特色的文化现象，包括地方名物、民俗活动、口彩禁忌、俗语谚语、民间文艺等。"方言文化"是一个新的研究领域，需使用的调查、整理、加工方法对于我们当中很多人来说都是陌生的，要编写的图册亦无先例可循。这项工作的挑战性可想而知。

在此，我要向每一个课题的负责人和所有成员道一声感谢。为了完成调查工作，大家不畏赤日之炎、寒风之凛，肩负各种器材，奔走于城乡郊野、大街小巷，记录即将消逝的乡音，捡拾散落的文化碎片。有时为了寻找一个旧凉亭，翻山越岭几十里路；有时为了拍摄丧葬场面，与送葬亲友一同跪拜；有人因山路湿滑而摔断肋骨，住院数月；有人因贵重设备被盗而失声痛哭……。在面临各种困难的情况下，大家能够为了一个共同的使命，放下个人手头的事情，不辞辛劳，不计报酬，去做一项公益性的事业，不能不让人为之感动。

然而，眼前的道路依然崎岖而漫长。传统语言方言文化现象正在大面积地快速消逝，我们在和时间赛跑，而结果必然是时间获胜。但这不是放弃的理由。著名人类学家弗雷泽说过："一切理论都是暂时的，唯有事实的总汇才具有永久的价值。"谨与大家共勉。

曹志耘

2022 年 4 月 13 日

目录

一 景洪

　　景洪位于云南省西双版纳傣族自治州中部，是州府所在地及政治、经济、文化中心。据景洪市人民政府官网 2020 年数据，景洪市辖 5 镇、5 乡、两个街道办事处、7 个农场社区管理委员会，即勐龙镇、嘎洒镇、勐罕镇、勐养镇、普文镇、勐旺乡、基诺山基诺族乡、景讷乡、景哈哈尼族乡、大渡岗乡、允景洪街道办事处、江北街道办事处、景洪农场社区委员会、东风农场社区委员会、勐养农场社区委员会、橄榄坝农场社区委员会、大渡岗农场社区委员会、曼沙农场管委会和南联山农场管委会。辖区内有国家级口岸澜沧江景洪港、嘎洒国际机场、省级

西双版纳旅游度假区和"240边境贸易区"、景洪工业园区。驻有中国实验动物云南灵长类中心、中国医学院药用植物资源开发研究所云南分所、云南热带作物科学研究所、云南林科院普文林场等4个中央、省属科研单位。

景洪在傣语中是"黎明之城"的意思,历史上称为"车里"或"彻里",是"勐泐古王国"（以下简称"勐泐国"）历代行政管理的中心。勐泐国是西双版纳的古称,早在秦汉时期就与

0-2 ◆ 景洪告庄（张觉荣摄）

中原王朝有密切联系。公元前 106 年，汉武帝开发西南地区，在云南设置益州郡，勐泐国属益州郡。公元 69 年，东汉在云南设永昌郡，勐泐国属永昌郡。据傣文古文献《泐西双邦》记载，勐泐国属于部落联盟社会，共有邦荒、邦帕、邦罕、邦洛、邦绍、邦黑、邦兰、邦末、邦莱、邦盖、邦陇、邦赖 12 个部落，部落联盟内部事务由 12 个大臣联合处理。公元 1180 年，帕雅真统一了各个部落，以景洪为中心建立傣族地方政权"景龙金殿国"，隶属大理国。

1253 年，忽必烈平定大理，景龙金殿国重归中原王朝的统治。1296 年，元朝在景洪设立"彻里军民总管府"。1382 年，归顺明朝，其地设"车里军民府"，1384 年更名为"车里军民宣慰使司"，以刀氏王族世袭宣慰使。1582 年，第 23 代宣慰使刀应勐将其下辖地区划分为 12 个提供封建负担的行政单位，傣语称为"西双版纳（十二千田）"。

清代沿袭明制，在西双版纳设置车里宣慰使司。1913 年，民国政府在西双版纳设立普思沿边行政总局，将西双版纳划分为车里、勐遮、勐混、勐龙、勐腊、易武、普文、六顺 8 个区。1927 年，将原行政总局所辖地区改为七县一公署，即车里县（景洪）、佛海县（勐海）、南峤县（勐遮）、镇越县（勐腊）、象明县、普文县、六顺县和临江行政公署。

1953 年 1 月，成立西双版纳傣族自治州，下辖景洪、勐海和勐腊三县，各县的管辖区域扩大了。景洪城作为州府所在地，1993 年撤县设市。

景洪市介于东经 100°25′—101°31′、北纬 21°27′—22°36′之间，土地面积 6867 平方千米。东边是江城县、勐腊县，西边是勐海县、澜沧县，北边是普洱市，南边与缅甸接壤，国境线长 112.39 千米。景洪市北高南低，北部是无量山尾梢，西部是怒山余脉。年平均气温 23.9°C，年平均降水量 877.7 毫米。

景洪市是一个多民族聚居的地方，世居的民族有傣族、哈尼族、拉祜族、布朗族、彝族、基诺族、瑶族、壮族、回族、苗族、景颇族、佤族、汉族 13 个民族。2020 年，全市常住人口 642 737 人，少数民族人口 304 527 人，占总人口的 47.34%，其中傣族人口 143 965 人，占 22.40%；哈尼族 78 196 人，占 12.17%；基诺族 23 975 人，占 3.73%（据景洪市人民政府官网）。

二 景洪傣语

（一）概述

景洪古称为"车里""彻里"等。公元 1180 年，帕雅真建立"景龙金殿国"后，西双版纳进入封建社会，据《中国少数民族大辞典》沿袭了 41 代召片领（土司），直到 1956 年宣告废除。从 1180 年至今，景洪都是当地的政治、经济和文化中心。傣语分为四个方言：西双版纳方言、德宏方言、金平方言、红金方言。西双版纳方言除在西双版纳境内使用外，孟连、澜沧、普洱、江城等地及国外自称"傣泐"的傣族也使用这一方言。景洪是西双版纳方言的标准音点。由于政治、经济上的优势地位，景洪傣语已成为西双版纳傣族的通用语。

由于居住在西双版纳的傣族自称"傣泐"，所以这一地区的傣语称为"傣泐语"。傣泐语内部也有差异，可细分为三个土语：以景洪为代表的土语，通行于景洪、勐龙、勐捧、勐罕、勐养、易武、勐旺南部等地区；以勐遮为代表的土语，通行于勐遮、勐海、勐混、勐往等地；以景董为代表的土语，通行于景董、勐旺（除南部外）、勐养北部等地。在这三种土语中，景洪傣语通行范围最广，最具代表性。景洪土语、勐遮土语、景董土语之间可以相互通话，有口音的差别，少数词汇差别明显。

西双版纳傣语不仅是当地傣族共同使用的语言，也曾是布朗族的兼用语。布朗族跟傣族一样信仰南传上座部佛教，过去布朗族男孩也要到佛寺里出家学习傣文经书，现在的布朗族老年男性大多还能流利地使用傣语。实行现代教育后，布朗族转而兼用汉语，兼用傣语的人减少了。

西双版纳傣族有拼写自己语言的新老两套文字。老傣文创制于 1227 年，有 56 个字母，其中辅音 48 个，元音 8 个。元音符号变体很多，与辅音的拼合也多有限制。还有 4 个声调符号。老傣文至今在村寨中依然具有旺盛的生命力，用老傣文记录的古籍文献十分丰富。1955 年发布的新傣文是在老傣文的基础上改进的，辅音、元音符号及数目与老傣文有所不同。

主要在城镇和机关单位使用。新老傣文都可以准确地记录傣语。老一辈懂傣文的人很多，年轻人懂傣文的人较少。现在在乡镇、县、州各级政府的支持下，村寨里的有识之士联合佛寺、村委会，一起进行新、老傣文的普及工作，取得了一些成效。

景洪是一个多民族聚居的地区，傣族之间进行交际的时候用傣语，与其他民族交际的时候转用当地的云南汉语方言，年轻人也常常使用普通话与其他民族进行交流。

近几十年来，随着文化教育的普及、大众传媒的影响、交通条件的改善、经济的发展，景洪傣语也发生了不少变化，这种变化主要体现在大量使用现代汉语借词。现在的年轻人基本上都会云南汉语方言和普通话，在日常交际中往往根据语境的需要交替使用傣语和汉语。傣族跟其他民族通婚后的下一代，大多都不再说傣语，这种情况在城镇较为普遍。

0-3◆西双版纳森林公园（张锐荣摄）

（二）声韵调

以下记音以勐罕镇曼乍寨子的傣话为准。

1.声母（21个）

p	pʰ	b	m	f	v
t	tʰ	d	n		l
ts			s	j	
k		ŋ	x		
ʔ			h		
kw			xw		

0-4 ◆勐泐大佛寺

声母例词

p	pi^{55}	年，岁	pai^{55}	去	pen^{35}	辫子，花边
p^h	p^hai^{51}	编	p^ha^{51}	沙哑	p^hi^{55}	鬼
b	ba^{35}	肩膀	$b\varepsilon^{13}$	羊	$ba{:}u^{35}$	未婚小伙子
m	ma^{35}	泡	ma^{51}	来	$m\mathrm{ɯ}^{51}$	手
f	fa^{11}	天	fa^{13}	云	fun^{51}	柴
v	va^{33}	说	vi^{51}	扇子	vai^{51}	快，迅速
t	ta^{55}	眼睛	ti^{55}	打（鼓）	$ta{:}ŋ^{51}$	路
t^h	t^ha^{13}	等候	t^hi^{35}	密	t^hu^{35}	筷子
d	da^{35}	骂	di^{55}	好	$da{:}u^{55}$	星星
n	na^{51}	田	nu^{55}	老鼠	nok^{35}	聋
l	la^{13}	晚，迟	la^{35}	褪色	luk^{33}	起来
ts	tsa^{13}	蝉	tsa^{11}	生气	$tsa{:}ŋ^{33}$	能，会
s	sa^{35}	酒糟	$sa{:}i^{51}$	沙子	si^{35}	四
j	ja^{55}	药	ju^{35}	在，住	$ja{:}t^{35}$	滴，洒
k	ka^{13}	秧	ka^{33}	价钱	kam^{51}	话
ŋ	$ŋa^{51}$	芝麻	$ŋa{:}i^{33}$	容易	$ŋu^{51}$	蛇
x	xa^{13}	杀	xa^{51}	茅草	xam^{51}	金子
ʔ	$ʔa^{13}$	张开	$ʔai^{55}$	咳嗽	$ʔau^{55}$	拿
h	ha^{13}	五	hu^{51}	洞	han^{55}	看见
kw	kwa^{35}	去	$kwa{:}ŋ^{55}$	鹿	$kwɔi^{55}$	甩
xw	xwa^{55}	右	$xwa{:}i^{51}$	水牛	$xwa{:}n^{55}$	斧头

说明：

① [b][d] 是带前喉塞音的 [ʔb][ʔd]。

② 双唇、舌尖塞音有送气、不送气和清、浊的对立。

③ [x] 可自由变读为 [kʰ]。

④ [ts][s] 在元音 [i][e][ɛ] 之前腭化为 [tɕ][ɕ]。

2. 韵母（91个）

a	aː	i	e	ε	u	o	ɔ	ɯ	ə
a		i	e	ε	u	o	ɔ	ɯ	ə
ai	aːi				ui	oi	ɔi	ɯi	əi
au	aːu	iu	eu	εu					əu
am	aːm	im	em	εm	um	om	ɔm	ɯm	əm
an	aːn	in	en	εn	un	on	ɔn	ɯn	ən
aŋ	aːŋ	iŋ	eŋ	εŋ	uŋ	oŋ	ɔŋ	ɯŋ	əŋ
ap	aːp	ip	ep	εp	up	op	ɔp	ɯp	əp
at	aːt	it	et	εt	ut	ot	ɔt	ɯt	ət
ak	aːk	ik	ek	εk	uk	ok	ɔk	ɯk	ək
aʔ		iʔ	eʔ	εʔ	uʔ	oʔ	ɔʔ	ɯʔ	əʔ

0-5 ◆勐罕香蕉林

中国语言文化典藏

韵母例词

韵母	例词	义	例词	义	例词	义
a	ka⁵⁵	乌鸦	pa⁵⁵	鱼	na¹³	脸
i	pi⁵⁵	年，岁	mi⁵¹	有	xi³⁵	骑，乘
e	pe⁵⁵	绕（线）	me⁵¹	妻子	se⁵⁵	丢失
ɛ	pɛ⁵⁵	檀木	mɛ⁵¹	修理	sɛ¹³	鞭子
u	pu⁵⁵	螃蟹	mu⁵⁵	猪	tsu³³	每，各
o	po⁵⁵	看管	mo⁵¹	阴暗	tʰo⁵⁵	豆子
ɔ	pɔ³³	父亲	mɔ⁵¹	吵闹	tɔ⁵¹	斗（鸡）
ɯ	pɯ⁵¹	粗（脖子）	mɯ⁵¹	手	tɯ⁵¹	戴（手表）
ə	pə¹¹	油腻	mə⁵¹	去	tə³³	次，回
ai	pai⁵⁵	去	mai⁵⁵	线	mai³³	后悔
aːi	paːi⁵⁵	末梢	maːi⁵⁵	记	vaːi⁵¹	散，消失
ui	kui⁵¹	拳头	tui¹³	胖（小孩）	hui⁵⁵	大声哭叫
oi	koi¹³	芭蕉	toi⁵¹	跟随	hoi¹³	溪
ɔi	tɔi³⁵	敲	mɔi³³	累	hɔi⁵⁵	螺，螺蛳
ɯi	kɯi⁵⁵	麻				
əi	pəi⁵⁵	赤裸	məi³³	酸疼	səi⁵¹	喝彩
au	pau³⁵	吹	lau¹³	酒	sau⁵¹	停，歇
aːu	paːu³⁵	吼叫	daːu⁵⁵	星	saːu¹¹	（马）槽
iu	piu⁵⁵	飘	tiu¹³	提	xiu³⁵	呛（鼻子）
eu	teu³⁵	裤子	neu⁵⁵	沾	xeu⁵⁵	绿
ɛu	kɛu⁵⁵	越南	lɛu⁵⁵	稀	sɛu⁵¹	尖，锋利
əu	səu⁵¹	赶鸡声	tsəu³³	州	səu³³	收
am	tam⁵⁵	舂（米）	nam¹¹	水	sam¹¹	完，光
aːm	tʰaːm⁵⁵	问	naːm⁵⁵	刺	xaːm³⁵	担保
im	tim⁵⁵	满	lim¹³	楔子	xim⁵⁵	针
em	tem⁵¹	比较	lem³³	方（形）	xem⁵⁵	缺乏
ɛm	tɛm¹³	写	lɛm⁵⁵	尖	xɛm⁵⁵	芦苇
um	tum¹³	煮	lum⁵¹	风	sum⁵¹	损失，亏
om	mom³³	（瓜、果）软	tʰom¹³	淹	kom⁵¹	（动物）交配
ɔm	pɔm¹³	砍	lɔm⁵⁵	熔化	sɔm¹¹	再，反复
ɯm	lɯm⁵¹	忘记	jɯm⁵⁵	借	pɯm⁵⁵	（蚊虫咬的）疙瘩
əm	təm¹¹	底下	ləm⁵⁵	蟒蛇	xəm⁵⁵	羞怯

IPA	例	义	例	义	例	义
an	pan⁵⁵	给	man⁵¹	油	xan⁵⁵	啼
aːn	taːn³³	他	laːn⁵⁵	侄，孙	saːn³³	渗
in	tin⁵⁵	脚	min⁵¹	虱子	xin⁵⁵	刁难
en	ten⁵¹	蜡条	len³³	平滑	xen⁵⁵	刻写
ɛn	tɛn⁵⁵	实心	lɛn³³	跑	sɛn⁵¹	某（些）
un	pun⁵⁵	石灰	tun¹³	棵	xun⁵⁵	打鼾
on	don³⁵	目前	son⁵⁵	园子	kon⁵¹	应该
ɔn	nɔn⁵⁵	蛆	sɔn⁵⁵	教	sɔn¹¹	重叠
ɯn	pɯn⁵⁵	箭	tɯn³⁵	醒	xɯn⁵⁵	退回
ən	dən⁵⁵	月	lən¹³	蓝色	xən⁵⁵	暴露
aŋ	daŋ⁵⁵	鼻子	naŋ⁵⁵	皮	saŋ¹¹	（瓜）架
aːŋ	taːŋ⁵¹	路	baːŋ⁵⁵	薄	saːŋ⁵¹	歧视
iŋ	tiŋ³⁵	胡琴	piŋ⁵⁵	水蚂蟥	xiŋ⁵⁵	姜
eŋ	leŋ¹¹	养，放牧	seŋ⁵⁵	声音	xeŋ⁵⁵	砧板
ɛŋ	dɛŋ⁵⁵	红	pɛŋ⁵¹	贵	sɛŋ⁵¹	（布的）条纹
uŋ	tuŋ⁵¹	承接	luŋ⁵⁵	错	suŋ⁵¹	枯而未倒的（树）
oŋ	loŋ⁵⁵	大	moŋ⁵⁵	鱼篓	soŋ⁵¹	丢下
ɔŋ	tɔŋ⁵¹	看	nɔŋ⁵⁵	池塘	sɔŋ⁵¹	箩筐（总称）
ɯŋ	nɯŋ³³	一	mɯŋ⁵¹	你	sɯŋ⁵¹	月琴
əŋ	ləŋ⁵⁵	黄色	məŋ⁵¹	睁	səŋ⁵¹	（一）套（锣鼓）
ap	tap⁵⁵	肝	hap⁵⁵	关（门）	tap³³	掩，堵
aːp	taːp³⁵	拍，打	haːp³⁵	挑	tʰaːp³⁵	反弹
ip	dip⁵⁵	生的	sip⁵⁵	十	tip³³	神仙
ep	lep³³	爪子	tsep⁵⁵	痛	nep⁵⁵	插，别
ɛp	lɛp³³	细（沙）	nɛp³³	按住	tɛp³³	低
up	bup⁵⁵	打	tup³³	打，砸	sup⁵⁵	穿（鞋、袜）
op	kop⁵⁵	田鸡	sop⁵⁵	嘴	top³³	折叠
ɔp	kɔp³⁵	捧	tɔp³⁵	回答	tʰɔp³⁵	清楚
ɯp	sɯp³⁵	接	hɯp³³	追赶	ʔɯp⁵⁵	饥饿
əp	ʔəp³⁵	盒子	kəp³⁵	一种船形鞋		
at	pat⁵⁵	扫	mat⁵⁵	跳蚤	kat⁵⁵	冷，凉
aːt	paːt³⁵	割	kaːt³⁵	街	xaːt³⁵	断绝
it	bit⁵⁵	采摘	mit³³	小刀	ʔit⁵⁵	提炼

中国语言文化典藏

et	pet⁵⁵	鸭子	met³³	粒	ʔet⁵⁵	一
ɛt	pɛt³⁵	八	dɛt³⁵	阳光	kɛt⁵⁵	钳住
ut	put⁵⁵	破，断	tsut³³	缺少	xut⁵⁵	挖
ot	not³⁵	胡子	mot³³	蚂蚁	ʔot⁵⁵	忍受
ɔt	pɔt³⁵	肺	mɔt³³	蛀虫	ʔɔt⁵⁵	烧，烩
ɯt	pɯt³⁵	揭开	mɯt³³	黑暗	kɯt³³	想
ət	lət³³	血	hət³³	臭虫	ʔət⁵⁵	堵，塞
ak	pak⁵⁵	插	nak⁵⁵	重	kak⁵⁵	（绕线用的）篾筐
a:k	pa:k³⁵	说	ma:k³⁵	果子	ka:k³⁵	草稿
ik	pik³⁵	翅膀	sik³⁵	撕	tsik⁵⁵	顶端，尖顶
ek	tek⁵⁵	按，压	lek⁵⁵	铁	tʰek⁵⁵	（出声）吓（人）
ɛk	bɛk³⁵	扛	lɛk³³	换	kɛk⁵⁵	假的
uk	puk³⁵	种，栽	luk³³	儿女	kuk³⁵	唤鸡喂食
ok	tok⁵⁵	落	nok³³	鸟	kok⁵⁵	根
ɔk	pɔk³³	回	nɔk³³	外	kɔk⁵⁵	罐，筒
ɯk	pɯk⁵⁵	调皮	hɯk⁵⁵	粗（线）	xɯk³³	坎
ək	pək³⁵	壳，荚	lək³³	选	kək³⁵	滚
aʔ	paʔ⁵⁵	披（头发）	kaʔ⁵⁵	虫蛀的木材	xaʔ⁵⁵	擦洗
iʔ	piʔ⁵⁵	醮	miʔ⁵⁵	微触	tsiʔ⁵⁵	燃放
eʔ	peʔ⁵⁵	湿	teʔ⁵⁵	（果子）熟透	xeʔ⁵⁵	仙人掌
ɛʔ	pɛʔ⁵⁵	诌媚	tɛʔ⁵⁵	篾片篱笆	xɛʔ³³	攒板 打谷子用的工具
uʔ	tuʔ⁵⁵	粗，壮	tsuʔ⁵⁵	诱骗	ʔuʔ⁵⁵	奶（儿语）
oʔ	poʔ⁵⁵	掺和	toʔ⁵⁵	诱	xoʔ³³	跛
ɔʔ	pɔʔ⁵⁵	套（牛）	kɔʔ⁵⁵	岛	xɔʔ⁵⁵	（挂在牛脖子上的）竹铃
ɯʔ	kɯʔ⁵⁵	吻	ʔɯʔ⁵⁵	挤着	bɯʔ⁵⁵kɯʔ⁵⁵	挤眉弄眼
əʔ	pəʔ³³paʔ³³	笨拙	tsəʔ⁵⁵	细嫩	səʔ³³	呆

说明：

①韵母分元音尾韵、鼻音尾韵、塞音尾韵三类。

②元音在 [ʔ] 之前，动程较短。

③[ə] 的舌位靠后，实际音值接近 [ɤ]。

13

3.声调（9个）

调类	调值	声调例词						
1	55	xa⁵⁵	腿	ha⁵⁵	找	ka⁵⁵	乌鸦
2	51	xa⁵¹	茅草	ha⁵¹	咱们	ka⁵¹	插，夹
3	13	xa¹³	杀	ha¹³	五	ka¹³	稻秧
4	11	xa¹¹	诽谤	ha¹¹	盐渍	ka¹¹	做买卖
5	35	xa³⁵	嫁	ha³⁵	阵（雨）	ka³⁵	去
6	33	xa³³	树枝	ha³³	瘟疫	ka³³	价钱
7	55	xat⁵⁵	闩，插	hap⁵⁵	关，闭	kak⁵⁵	禁止
8	33	xat³³	口吃	hap³³	接，迎接	kak³³	耈头
9	35	xa:t³⁵	断	ha:p³⁵	担子	ka:k³⁵	勺子

说明：

①声调分舒、促两类。

②三个促声调第 7、8、9 调的调值分别跟 1、6、5 三个舒声调值一致。

③第 9 调只出现在韵腹为 [a:] 的入声韵音节中。

三 凡例

（一）记音依据

本书记音以曼乍寨子老年人的口语为准。发音人波么保，男，1949 年 10 月 7 日生，家住景洪市勐罕镇曼乍寨子。曼乍寨子位于勐罕镇以东澜沧江边，距勐罕镇 3 公里。曼乍寨子的方言与勐罕、景洪一带相同，与勐海一带的方言有所区别。

（二）图片来源

本书收录景洪傣语方言文化图片 600 余幅。这些图片主要是近三年在勐罕镇的寨子拍摄的。主要拍摄地点有曼迈龙、曼迈囡、曼嘎俭、曼养囡、曼老、曼春满、曼乍、曼将、曼听、曼林秀、曼远、曼法岱、曼乱嘎等寨子，也有一部分拍摄于景洪和勐海的傣族寨子。

图片拍摄者主要为课题团队成员。个别图片由他人提供，这些图片注明拍摄者姓名，例如"4-28 ◆曼凹（岩轰坎摄）"。

（三）内容分类

本书所收景洪方言文化条目按内容分为 9 大类 33 小类：

（1）房屋建筑：住宅、其他建筑、建筑活动

（2）日常用具：炊具、卧具、桌椅板凳、其他用具

（3）服饰：衣裤、鞋帽、首饰等

（4）饮食：主食、副食、菜肴

（5）农工百艺：农事、农具、手工艺、商业、其他行业

（6）日常活动：起居、娱乐、信奉

（7）婚育丧葬：婚事、生育、丧葬

（8）节日：泼水节、关门节、开门节、赕塔节、献经节

（9）说唱表演：口彩禁忌、俗语谚语、歌谣、故事

如果某个条目可归多个大类，优先归入具有典型文化特色的类。例如"泼水粑粑"可归饮食类、节日类，本书归节日类。为了阅读方便，把一些关系特别密切的条目放在一起，例如把"放土火箭"放在节日类"泼水节"的后面（而未放入日常活动娱乐类）。

（四）体例

（1）每个大类开头先用一段短文对本类语言文化现象做一个概括性的介绍。

（2）除"说唱表演"外，每个条目均包括图片、方言词条、解释性文案三部分。"说唱表演"不收图片，体例上也与其他部分有所不同，具体情况参看"玖 说唱表演"。

（3）各图单独、连续编号，例如"1-25"，短横前面的数字表示大类，短横后面的数字是该大类内部图片的顺序号。图号后面注拍摄地点（一般为村级名称）。图号和地名之间用"◆"隔开，例如"1-25◆曼迈龙"。

（4）在图下写该图的国际音标、汉语意译。如是多种说法，各词之间用"│"隔开，例如：$[ban^{13}din^{55}]$ │ $[din^{55}x\mathfrak{o}^{55}]$ "瓦"。

（5）文中出现的傣语词用引号标出，并在一节里首次出现时注国际音标，对常见的傣语音译词的注释用小字随文夹注；在一节里除首次出现时外，其他场合只加引号，不再注音释义。

（6）傣语词记实际读音，如有音变等现象，一律按实际读法记音，主要音变规律可参看本书"引言 二 景洪傣语"。

景洪傣族的传统建筑从功能上可分为民居、土司衙门、作坊及其他公共建筑。

傣族日常生活中最主要的建筑是竹楼及其附属建筑物。景洪坝子_{山间的小平原}位于横断山系纵谷区南端，属亚热带季风气候，干湿两季分明，日温差大，年温差小，常年炎热，雨量充沛，森林资源十分丰富。这就决定了傣族民居的建筑结构、原料及风格特色。竹楼在建筑学上属于"干栏"式建筑中的一种，非常适应当地湿热的自然环境。竹楼为上下两层的高脚房，支撑竹楼的木柱一般有20余根，分列3到4排。下层高约7—8尺，四周不设围墙，是饲养家禽和牲畜及放置农具的场所。上层是人们居住的地方，是整栋竹楼的中心。与楼梯口相连的是较宽的走廊，其尽头接着一个晒台。正房四周围有木板或竹板，分成堂屋和卧室两部分。堂屋设在走廊一侧进门的地方，较宽敞，是主人活动和招待来客的地方。堂屋两侧是用竹子或木板隔出来的卧室。建

筑材料就地取材，包括木头、竹子及傣族自己烧制的瓦片等。以木头搭架、木板或竹板为墙、瓦片做顶。竹楼都是独幢，四周有大片空地做院子，院子外围有篱笆或矮砖墙以明确界线，院子里种植亚热带花果，香飘四季，犹如一个小型的天然花园。

　　现在寨子里新建的住房基本上都是砖混结构的新式傣楼。新式傣楼大致保留了传统竹楼的格局，屋顶与竹楼的样式近似，上层住人，下层建了房间，并根据功能对院子进行了划分，区分为人活动的地方与饲养家畜的区域，有的还在竹楼旁边建造了独立的厨房。整个院落显得干净整洁。以竹子和木头为主要建筑材料的传统凉亭、寨门、手工作坊等，现在也已采用砖混结构样式。

　　新中国成立后，西双版纳废除了土司制度。土司衙门虽然未被拆除，但因年久失修，景洪的宣慰衙门已经难觅真容，勐罕的土司衙门也已破败。

1-1 ◆曼迈龙

[hən⁵¹tai⁵¹] "竹楼"

干栏式建筑，一般分为上下两层。傣家人生活起居主要在竹楼上层，晒台、堂屋、卧室等分布在上层，下层柱子之间没有墙壁，以圈养牲畜、建造粮仓、放置农具或杂物为主。传统的竹楼用木头搭建起构架，木头之间为榫卯结构，极为牢固。上层用木板或竹板分隔，顶上用长方形瓦片覆盖。

[hən⁵¹xa⁵¹] "茅草房"

采用简单的木架结构，在房顶铺上"草排"把茅草扎在竹竿上制成的片状建筑材料建成。以前的竹楼房顶、田棚和地棚都用茅草覆盖，建新房时，扎草排是其中最重要的一项工作，后来瓦片代替了茅草。

1-2 ◆曼养图

中国语言文化典藏

22

[tup³⁵ma⁵⁵hɛn⁵⁵] **"草棚"**

直译为"狗坐棚",传说是古代英雄"帕雅桑木底"受猎狗坐着避雨的形象启发而修建的原始房屋。一般建于竹楼旁边,四周通常没有墙。屋顶多为一面坡式,常用茅草或瓦片做顶,现在多用石棉瓦。用于放置柴火、农具等杂物,有的人家在房子下搭建火塘或灶台,用于熬制红糖以及给牲畜煮食。

[tʰeŋ⁵⁵na⁵¹] **"田棚"**

由于气候炎热多雨,在田间劳作的时候需要避雨或避暑,人们常常在田边搭建棚子作为临时休息的场所。田棚有多种样式,较大的构架与竹楼大体相似,简单的是一面坡或两面坡的小房子。有的建得比较高大整齐,少数喜欢清静的老年人甚至以此为家。

景洪傣语　壹·房屋建筑

[na¹³pɔŋ³⁵] "堂屋"

家人活动和会客的主要场所。位置在竹楼上层的中间，火塘、卧室在堂屋两侧，堂屋墙上设有方形窗户。人们将席子铺在堂屋中间，席地而坐。来访的客人留宿时，通常安置在堂屋中间铺席就寝。

[tʰeŋ⁵⁵hai³³] "地棚"

功能与田棚相当，搭建在山地边，样式更简单一些，大多为一面坡或两面坡式的小房子。由于山地离寨子较远，作为临时休息的简易建筑。

[tsɔk³⁵hən⁵¹]"屋顶"

传说古代英雄"帕雅桑木底"梦见凤凰跳舞,醒来后依据凤凰展翅的形象建造了竹楼,所以传统竹楼的屋顶称为"凤凰顶",是一种复式顶,其中一个为主顶,辅以3—5个小顶,主顶宏伟,小顶精巧,从不同角度看呈现不同的姿态。顶与顶之间有用于排水的笕。竹楼占地面积大,采用"凤凰顶"的设计可让房子不用建太高而且排水良好、美观大方。

[hən⁵¹fai⁵¹]"厨房"

在传统的傣家竹楼中,厨房位于堂屋一侧,外接晒台,一边是火塘,用于烧火做饭;另一边放置饭桌,作为一家人吃饭的地方。现在的厨房大多建在竹楼旁边。

景洪傣语 壹·房屋建筑

25

1-9◆曼迈龙

1-10◆曼迈龙

[kaːi⁵¹hən⁵¹] "屋脊"

　　竹楼的屋顶是复式的，其屋脊也有数个，有大有小，有高有低，名称都相同，其中一个是主屋脊，两端和中间常有孔雀、龙、凤等装饰品，其他屋脊上也有相应的饰品。屋脊排列的方式有平行和垂直两种。

[tsɔk³⁵fa¹¹] "脊饰"

　　屋脊中间的装饰物。中间部分形如宝塔，两边对称的部分为云彩纹饰。当地人认为，"脊饰"具有避雷作用，但主要还是起装饰作用。其形式可根据主人的喜好变换，玻璃酒瓶、陶葫芦、孔雀、公鸡等样式都较常见。

[fa⁵⁵mai¹¹he¹¹] "竹板壁"

　　用竹片紧密编制而成，常用作房间的隔墙，隔出的房间透气性好，凉爽舒适，与当地的气候相宜。编制时，其经纬采用巴掌宽的龙竹片或细竹片组合，才坚固耐用。竹子是当地重要的资源，建房时用竹子做隔墙，是就地取材的典范。

1-13◆曼乍

1-11 ◆曼迈龙

1-12 ◆曼迈龙

[xau⁵⁵hən⁵¹] "屋山头"

　　屋脊两侧形状如"山"的部分，常要进行精致的装饰。常见的图案有孔雀、龙、凤、太阳、云彩等。以前的装饰品由木头制成，现在用混凝土倒入模具制成，颜色以金色为主。

[bəŋ¹³din⁵⁵] ｜ [din⁵⁵xɔ⁵⁵] "瓦"

　　用白泥烧制而成的长方形瓦片，一端有钩。建房时房顶用木条钉成若干方格，挂瓦的时候，瓦钩挂在木条上，相互叠加成鱼鳞状。经过阳光风雨的侵蚀后，瓦片由青色变成褐色。

[fa⁵⁵mai¹¹pɛn¹³] "木板壁"

　　把长条状的木板刨平后紧密地排列好，用木条从中间夹紧，用铁钉加固而成的隔墙。木板壁的厚度大约 3 厘米，传统竹楼的上层四周常用木板壁围起来，内部用竹板壁将堂屋、卧室、厨房隔开。

1-14 ◆曼林秀

[paʔ⁵⁵tu⁵⁵baːn¹³]"寨门"

传统的寨子东西南北共设四个寨门，寨门比较简单，两根巨木桩上架一根横木固定而成，横木上挂有"达寮"和尖刀，当地人认为可以辟邪。现在只在进出寨子最常走的大路上设一道寨门，为钢筋混凝土的尖顶建筑，门楣上用傣汉两种文字书写寨名。寨门上方保留挂"达寮"和尖刀的传统。

[paʔ⁵⁵tu⁵⁵sɔt³⁵kɔn¹¹]"竹大门"

以前的竹楼没有围墙，只用竹篱笆围起来，以防止牲口进入，竹大门就是院门。用两根半人高的大竹筒置于两侧，大竹筒上凿孔数层，再用竹子楔入作为横置的栏杆，进出的时候卸下栏杆即可。传统的院门，牛圈、马圈、猪圈等的门都是这样的。后来，围墙取代了篱笆，钢筋焊接的院门取代了竹大门。

[paʔ⁵⁵tu⁵⁵mai¹¹pɛn¹³] **"木门"**

有的木门由一整块木板做成，有的将多个小木板固定在一起做成，有的用木条做成栅栏状的对开门。木门可安装在楼梯口作为楼门，也用作房间的门。

[paʔ⁵⁵tu⁵⁵ho⁵⁵xɯn¹³] **"楼门"**

楼梯是进出竹楼的唯一通道，绝大多数家庭都会在楼梯口处设置一道简易小门，用于防止家禽、牲畜等上楼。常见的楼门为竹条或木条钉成的栅栏门。

景洪傣语 壹·房屋建筑

[paʔ⁵⁵tu⁵⁵xuŋ⁵⁵] "寺门"

　　佛寺的大门大多是两面坡重檐式设计。有的寺门像一个小走廊，两侧有座位可供礼佛的信众休息。佛寺前面一般没有门神，个别中心佛寺有门神。

[paʔ⁵⁵tu⁵⁵ho¹¹xɛ³³] "菜园门"

　　人们常用竹篱笆将菜园围起来，再用竹条或木条编成一道小门，防止家禽、牲畜等进去破坏农作物。

[pɔŋ³⁵] **"窗户"**

　　传统的傣家竹楼在堂屋和厨房墙上开一个简易的窗洞，主要用于通风、采光及邻里之间相互沟通交流。有的人家会用木条交错制成窗格子对窗洞进行装饰。

[kaːŋ⁵⁵xoŋ³⁵] **"院子"**

　　竹楼前面的空地，是人们晾衣物、晒谷子的地方，也是孩子们玩耍游戏的主要场所。院里通常种植一些果树花草。

景洪傣语　壹·房屋建筑

1-23◆曼将

[hoʔ¹¹saˀ¹¹laːp³³] **"竹篱笆"**

    先在地上打若干根木桩或竹桩,再用竹条插连接而成的篱笆。主要用于划清土地界线,也可用来防止牲畜进入。传统竹楼的"围墙"大多如此。

[ho¹¹xɛ³³] **"篾片篱笆"**

    用篾片穿插编制而成。用来把房前屋后的菜园或庄稼地围起来,防止外人及家禽进入,也可用于圈养家禽。篾片篱笆比竹篱笆更精致一些。

1-24◆曼迈龙

中国语言文化典藏

[taːŋ⁵¹hɔŋ³³lɔʔ³³] "巷子"

　　寨子里连接竹楼的人行道。巷子两旁常有热带植物。

[baːn¹³] "寨子"

　　傣家人聚居的村落，小到几十户人家，大到上百户人家。当寨子超过一定规模时，就要从老寨中搬出一部分年轻的住户到附近的地方建立新寨子，因此寨子一般不会太大。寨子一般建在平地上靠近水源的地方。

景洪傣语　壹·房屋建筑

[xɔm⁵¹] "竹楼外间"

正对楼梯口的空间是主人一家纳凉的地方，可在这里吃饭、会客。另一端连接晒台，从外间进门即为堂屋。

[tai¹³laːŋ³³] "楼下"

竹楼下层一般有 20 余根粗大的木柱架于柱础石上，无围墙，四周通透。传统的傣家人一般会在竹楼下层圈养家禽和牲畜，放置农具及各种杂物。

[kɔn¹³sau¹³] "柱础石"

竹楼为干栏式建筑，下层没有墙体，所有承重都由柱子负荷，每一根柱子下面都有一个柱础石，用来防潮并增加柱基的承压力。柱础石的形状以圆形和方形为主。

1-28◆曼林秀

[nə⁵⁵hən⁵¹] "楼上"

　　竹楼上层是傣家人生活起居的主要场所，卧室、厨房、堂屋等都设于此，靠近楼梯这一边有走廊，走廊的一端有宽敞的露天晒台。

1-31◆曼林秀

[fəi⁵¹pa⁵¹] "屋檐"

　　竹楼屋顶向周围伸出的边沿部分。竹楼正面屋檐下是一家人的活动场所，重要节庆时，常在此招待客人。

[tsaːn⁵¹] "晒台"

　　一个宽敞的平台，位于竹楼上层的一角，是室内空间向室外的延伸，用于洗浴、晾晒衣物、摆放花盆等。

1-30◆曼迈龙

[xɔk³³ma¹¹] "马圈"

关马的地方，一般建在竹楼下层后屋檐的一角。用木头围出一个 2—3 米见方的空间，地上垫木板，正面安装一道简易木门，旁边放置一个马槽。

[xum⁵⁵vit³³] "厕所"

传统的厕所不挖坑，常建于池塘、小沟、小河之上，用木头构架，用木板或竹篾围住，多数没顶儿。

[lok³³kai³⁵] "鸡棚"

　　用木头搭起架子，四周用竹片固定，一面留有一道小门。内有两层，用木板隔开。鸡鸭混住，鸡在上层，鸭在下层。

[xɔk³³mu⁵⁵] "猪圈"

　　用结实的木柱搭建而成，四周围有一米多高的木板，木板与木板之间留有缝隙，通透性较好。过去的猪圈通常建在"干栏"式竹楼的下层，现在主要建在楼房的旁边。

景洪傣语　壹·房屋建筑

[lau¹¹xau¹³] **"谷仓"**

用竹条或竹片编制成桶状容器，再用泥巴掺上牛粪搅拌均匀后敷于其外部，起密封作用。中间留一个小门。

[je⁵¹xau¹³] **"粮仓"**

位于竹楼下层的一角，在木柱与木柱之间，用木板钉制而成的封闭空间，用于存放谷物等。粮仓门为抽拉式的几块木板，便于存取粮食。

[nam¹¹bɔ³⁵] "水井"

　　在水源处挖一个圆坑，底部垫上沙石，坑壁砌上砖石，作为寨子里的水井。井上常建带有拱门的金色或白色宝塔，塔上装饰有各种花纹和图案，有的水井旁边还有司水女神、大象、马、狮子等雕像。水井在传统的生活中具有重要作用，人们常来此挑水洗菜。

[sa^{55}la^{51}] "凉亭"

　　一般是两面坡重檐式木结构建筑,设于村寨口、水井边、田边。人们常来此乘凉玩耍,凉亭内设有木制长椅可供休息。

1-40◆曼嘎俭

[xo^{55}nɔi^{11}] "小桥"

　　小桥由两三块木板或竹子固定在一起,建于小沟或小河之上,供人们通行。

1-42◆曼迈龙

中国语言文化典藏

[hɔ⁵⁵nam¹¹] "水罐亭"

　　木头搭成的简易小亭，中间的木板上放水罐和水瓢，供路人饮用，经常给水罐换水是一种善举。旧时村头或巷口常设有这样的小亭子。

[xo⁵⁵mai¹¹nɔi¹¹] "独木桥"

　　由于水源丰富，沟渠纵横，田间地头的水沟上常见独木桥，有临时搭的，也有固定的。

1-45◆曼林秀

[haːŋ⁵¹lin⁵¹]**"笕"**

引导雨水的长竹槽，不仅用在瓦檐下，也用在屋檐之间衔接处承接雨水。传统的笕是竹子的，现在主要是白铁皮或塑料的。

[xo⁵⁵ʔu³⁵] │ [xo⁵⁵xwɛn⁵⁵]**"吊桥"**

在河流、山谷等处架起两根平行的钢索，然后用铁条把桥面吊在钢索上建成的桥。在交通不发达的年代，吊桥是傣家人过较宽河流的重要通道。

1-44◆勐海勐景莱

1-46 ◆曼乍

[pok⁵⁵sau⁵⁵] "竖柱"

把用榫卯连接好的一排排柱子竖起来并安装横梁，是盖新房的重要环节。择吉日进行，吉时到来，主人吹起牛角号，寨子里的人都来帮忙。最重要的两根承重柱子称为"王子柱"和"公主柱"，要进行装饰。波么^{巫师}在白布上写上咒语，套在柱子顶端。老人们把男女衣服分别裹在两根柱子上，并捆上几根甘蔗和嫩芭蕉树。一切准备就绪，男人们在建房师傅的指挥下一起用劲，用麻绳把柱子拉起竖直，穿上横梁。妇女们用清水朝柱子和男人身上泼洒，祝贺竖柱成功。现在建新式楼房，竖柱用吊车，仪式已简化。

[muŋ⁵¹bəŋ¹³] "挂瓦"

建盖竹楼的一个重要步骤。在房顶上用木条钉成若干方格，挂瓦时由下往上，将瓦片上的钩挂在木条上，瓦片之间相互覆盖，浑然一体。现代建筑用角钢代替了木条。

景洪傣语　壹·房屋建筑

1-47 ◆曼迈龙

43

1-48◆曼迈图

[xɯn¹³hən⁵¹mai³⁵] "贺新房"

相当于搬新家，是一项非常隆重的庆祝活动。新房落成，主人选择良辰吉日，宴请亲朋好友。要请佛爷佛寺住持、波占祭佛师、寨老寨子推选出来的四位德高望重的老人来主持各种仪式。

[sɯ¹¹hən⁵¹mai³⁵] "买新房"

贺新房时主人家邀请寨老到家中，让一位能说会道的亲戚拿"蜡条"（图8-20）、酒、米等物品，代表主人向寨老报告建房事宜，请求他们同意把新房"卖"给主人入住。寨老听完后，一致同意主人入住，并祝福主人搬进新房后健康平安、兴旺发达。

1-49◆曼应代

[ha:m⁵⁵ho⁵⁵mu⁵⁵xɯn¹³hən⁵¹]"抬猪头"

各种仪式结束后，主人家才开始搬东西上楼。猪头和猪蹄要先抬上楼。除了四位寨老之外，所有人都要到楼下来。抬猪头的人要吟唱一段固定的口彩，征得寨老的同意才能上楼。寨老开始会故意不答应，抬猪头的人只好不断地说好话，周围的亲戚朋友不断给他们敬酒起哄，气氛热烈喜庆之时，寨老同意，抬猪头的人才高高兴兴上楼。

[tsau¹³hən⁵¹pa⁵¹tʰuŋ⁵⁵ŋɯn⁵¹xam⁵¹xɯn¹³hən⁵¹]"搬财宝"

抬猪头之后，要搬"金银财宝"上楼，寓意为财源滚滚、生活富裕。以前男女主人穿着新衣，挎包里放着金银细软一起上楼。现在代之以搬保险柜，柜里放着金银首饰和钱币。

景洪傣语 壹·房屋建筑

1-52 ◆曼迈龙

[ha:p³⁵xɔŋ¹³ha:p⁵⁵buŋ⁵⁵xɯn¹³hən⁵¹] "挑篾器"

锅碗瓢盆是做饭的基本工具，篾器是傣家人用来装粮食、日用品的主要器物。把锅碗瓢盆和篾器挑上楼，寓意是生活物品齐全丰富，新的生活美满幸福。

1-54 ◆曼迈龙

[taŋ¹³kɔn¹³sau¹³] "立锅桩"

锅桩是用陶泥捏成的上圆下方的泥桩，置于火塘上，支撑烹饪器具。在新房的火塘上架好三个锅桩叫作立锅桩，是新家请火塘神的仪式。仪式在晚上进行，地点在新房二楼的火塘上。能说会道的主持人诵一段经文，吟一段口彩，安上一个锅桩，并在锅桩上点燃一根蜡条。期间，男人们要端着酒杯来插科打诨，跟主持人争论，主持人的口彩说得不流利或不服众就要被罚酒，不许点蜡条。直到大家酒喝尽兴，口彩得到认可，三根蜡条在锅桩上点亮，仪式才算圆满结束。主人要给主持人三个鸡蛋。现代厨房没有火塘，锅桩用三块砖头来代替。

1-55 ◆曼迈龙

[vin⁵¹pək³⁵xai¹³] "挂蛋壳"

搬入新家后，火塘上做的第一道菜一定是炒鸡蛋。炒出来的鸡蛋分给亲戚朋友品尝，鸡蛋壳用线串起来挂在窗户上，相当于对外宣布新房主人已入住并开始了新生活。

[taːn⁵¹mu³⁵xau¹³kaːŋ⁵⁵hən⁵¹] **"赕饭桌"**

　　主人准备一桌饭菜，也可以只上一两个菜做代表，赕_{敬奉}给僧侣和寨老。主人双膝跪下，右手扶着饭桌，四位寨老席地而坐，依次为主人吟诵祝词。祝福结束，僧侣和寨老开始就餐，其他人才能开饭。

[ʔau⁵⁵tsaŋ³³xap⁵⁵ma⁵¹xap⁵⁵xɔ³³paːi³³] **"章哈唱歌"**

　　贺新房的那天晚上，主人会备好酒菜，邀请"章哈"_{歌手}到家里来演唱。演唱的内容为《贺新房歌》以及祝福歌等各类歌曲，人们聚在一起聆听。章哈一般为二人组合，一人伴奏一人唱，唱到高潮处，听众要一起喊"水、水、水"（汉语拟音）来喝彩，演唱一直持续到第二天早晨。至此，贺新房才算圆满结束。现在也有请当地的流行乐队来演唱的，年轻的观众边听边舞，热闹非凡。当地人认为，章哈演唱既是庆祝，也是驱邪。民间传说新房的柱子上有两条蛇妖盘踞，听到章哈的歌声引发的"水、水、水"的喝彩声就会逃之夭夭，再也不敢回来作祟了。

景洪傣语　壹·房屋建筑

　　景洪傣族的日常用具主要包括炊具、卧具、坐具、储具等。炊具中饭锅、铁锅、茶壶、竹水桶都有一个共同的类名 [mɔ¹³] "陶器"，说明早期这类炊具可能是同一类陶制器皿，功能分化后产生了不同的专名。卧具中没有床，只有地铺，这与当地的炎热的气候和干栏式建筑有关。坐具中椅子、竹筒凳、竹凳、藤椅统称为 [taŋ³⁵] "凳"，从词源看，[taŋ³⁵]为中古汉语借词，由此可推测坐具是从汉族地区传入的，早期的傣族是席地而坐。储具中衣箱和衣柜是收纳细软的重要用具，过去常用作姑娘出嫁或男子入赘的嫁妆。

　　在傣族百姓心目中，火塘特别重要。以前傣族只有火塘没有灶，也没有"灶"这个词，从汉族地区传入灶之后，用 [tau⁵⁵fai⁵¹] "火塘"一词兼指灶。火塘设在竹楼上的一角，它不仅是烧火做饭的地方，也是为人们提供温暖的地方。夜晚来临，气温下降，劳作了一天的人们围在火塘边聊天，还常常在火塘上烤点东西吃，有了火塘才是家，因此火塘是一个神圣的地方。贺新房的时候要专门祭祀火塘，在火塘上立起三个锅桩，锅桩上点燃蜡条，吟唱立锅桩的祭词。祭祀完毕，主人才能在火塘上做饭。

中国语言文化典藏

　　每户人家都会有几张用篾片编织的方形竹桌，桌面凹下去一些，傣语叫作[mu³⁵xau¹³xɛ³³]，它不仅是一件日常用具，还具有神圣的意味。小方桌的用途很多，可用来吃饭、喝茶，也可以用来摆放食物、水果、衣物针线等。同时，祭祖、祭神、到佛寺或在家里做赕，都要用这样的小方桌摆放祭祀用品。

　　传统的日常用具基本上都是就地取材，自给自足。景洪坝子四周群山环绕，中间地势较平，江河纵横，气候炎热，物产丰富，当地盛产竹子和木材，所以绝大多数日常用具是木制品或竹制品，木锅、木甑、汤匙、木碗、竹盘子、竹桌、竹凳、木槽等，不胜枚举。傣族善于制陶，所以陶器也比较常见，如陶制的水罐、水缸、坛子等。这些日常用具大多是手工制作，不仅实用，而且环保，质朴大方。

　　在现代生活中，批量生产的铁器、塑料制品等逐渐取代了过去沿用的木器、竹器、陶器，手工制作的用具正在减少。

2-1◆曼迈龙

[tau⁵⁵fai⁵¹]"火塘"

　　设在竹楼的上层,是烧火做饭的地方。在建造竹楼时,事先算好火塘的位置,铺楼板时,火塘处空出约 1.5 米见方的"框"。安火塘时要请品行端正的人来指挥,安好后要给他 4 个鸡蛋。用木板钉制一个与"框"一样大小的木箱,深约 1 米,在木箱中装满黏土,夯实。用 4 根短柱稳稳地把木箱顶进"框"中,让黏土与楼板一样平。在黏土上刨个浅坑,就是火塘。火塘上架三个锅桩,也有用铁三脚代替锅桩的。

[mɔ¹³xɛ⁵¹]"汤锅"

　　以前烧汤用土罐形陶锅,由当地陶工烧制,圆口,双耳,锅上印有花纹。汤锅较厚,不易传热,食材的味道在慢火熬煮中充分释放,煮出来的汤更浓香。现在已经没人用它来做汤,有的老人用它来熬傣药。

2-6◆曼乍

2-4◆曼迈龙

2-2◆曼迈龙

[mɔ¹³xaːŋ⁵⁵] "铁锅"

铁制的用来炒菜的炊具，有两耳。用火塘烧火做饭的时候，把铁锅放到锅桩上炒菜。

[xeŋ⁵¹] "铁三脚"

铁制的三脚支架，放在火塘上支撑锅、壶等炊具，下面烧柴火加热。

[mɔ¹³xau¹³tsaːu¹³] "饭锅"

常见的煮饭锅有铜锅、铝锅、锑锅三种，以锑锅最常见。饭锅底大口小，锅盖像个钢盔。锅边的耳朵上有提梁。这样的设计与当地用火塘做饭有关，底部大受热面积大，长长的提梁不仅方便移动，还可防烫伤。

[mɔ¹³la¹¹] "烧水壶"

锅和壶统称为 [mɔ¹³]，说明在古代生活中，锅既用来煮饭，也用来烧水。后来从汉族地区传入了有嘴的专门烧水的金属烧水壶，称为 [mɔ¹³la¹¹]，直译为"茶壶"。

2-5◆曼迈龙

2-3◆曼迈龙

2-7◆勐海勐景莱

[mɔ¹³xau¹³kok³⁵] **"木锅"**

盛米饭等熟食的锅。用木头或直径 20—30 厘米的龙竹根掏空制成，双耳，有盖，锅体与锅盖用竹绳连接。用来装糯米饭，透气性好，有保温和防馊的作用。

[hai⁵⁵] **"木甑"**

用木棉树的木头掏空做成，高约 80 厘米，呈圆筒形，底部放置甑箅子，盖子用木片做成。主要用来蒸糯米饭、"泼水粑粑"等食品。

2-8◆曼迈龙

中国语言文化典藏

2-9◆曼迈龙

[huɯ⁵⁵hai⁵⁵] "甑箅子"

与木甑搭配使用，用竹条编织成圆盘状，置于木甑底部3—4厘米处固定的位置，要蒸的
食物放在上面。

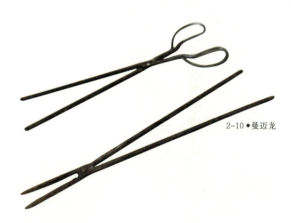

2-10◆曼迈龙

2-11◆曼迈龙

[kim⁵¹] "火钳"

用火塘烧火做饭时火钳是必不可少的
工具。火塘主要以木柴为燃料，用火钳聚拢
燃烧的木柴。有时在火塘里烤红薯、土豆
等，火钳也是夹取这些食物的工具。

[kɔŋ¹³pau³⁵] "吹火筒"

竹筒制成，一头圆，另一头有豁口。在
火塘或灶膛里烧火的时候，手持吹火筒，对
着圆的一头向不易燃的柴火吹气，可起到助
燃的作用。

2-17 ◆曼迈龙

2-14 ◆曼将

[xok³³mai¹¹] "木臼"

　　用木头凿成的臼，与木杵配合使用。用来舂制"喃咪"自制的酱状佐料、糯米粑粑等食物。当地巨木易得，巨石难寻，因此，木臼比石臼常见。

[tsɔn¹¹] "汤匙"

　　取粗细适中的一节竹子，在竹节处留一截约2厘米长的竹筒，削成匙身，抛光，根据大小留一细竹枝做把儿。喝汤用，不烫嘴，又有竹子的清香。

[mɔ¹³tʰuŋ⁵¹] "竹水桶"

　　取长约50厘米的大龙竹，一头留节做底，另一头削出两耳，装上木头提梁即成。挑着竹水桶或水罐到水井去挑水，曾是女人的一项重要的家务活儿。

2-12 ◆曼迈龙

2-13◆曼将

2-18◆曼迈龙

[boi⁵⁵] "水瓢"

选取一个形状端正的椰子壳，上面开一个圆口，一侧凿一个小洞，从小洞楔入一个木制手柄制成。置于水缸或水罐旁，舀水用。

[xok³³hin⁵⁵] "石臼"

用石头制成的臼，与石杵配合使用，一般较小。花椒、干辣椒、八角等质地比较坚硬的香料，往往用石臼舂成粉末。

[pa:k³³] "汤勺"

截取一小半干椰子壳抛光作为勺身，取一根约40厘米长的手指粗细的竹棍做手柄，竹棍一头做榫，夹住椰子壳，用竹钉固定。盛汤用。椰子壳和细竹棍在当地都很容易找到，制作简便、环保。

[tsɔn¹¹lɛŋ¹¹] "笊篱"

捞米线和卷粉的炊具。用细篾片编一个锥形的主体，用藤条或铁丝绑上一段约40厘米的细竹棍做手柄制成。

2-15◆勐海勐景莱

2-16◆曼迈龙

57

2-20◆曼林秀

[mɔ³⁵] "石磨"

两扇直径约半米的磨盘，架在一个大木槽上，木槽下面有一对 X 形支架。把大米浸泡一夜，放到石磨上磨成做卷粉和米凉粉的米浆，浆汁顺着木槽流到桶里。也可以用来磨糯米面、玉米面等。

[vaːn³⁵ŋɯn⁵¹] "银碗"

纯手工制作而成，碗上常雕刻各种花卉，做工精美，结实耐用。在庄重的宗教仪式上用来盛水。由于银碗昂贵，有的地方用锑碗来代替。

2-22◆曼迈龙

[kɔk⁵⁵kə⁵⁵] "盐碗"

盛食盐的器皿。取一节大龙竹，一端留节做底，在约 10 厘米处截下，边缘抛光制成。用于放食盐、味精等调料，经久耐用，不易破碎。

2-23◆勐海勐景莱

2-21◆勐海勐景莱

2-24◆曼养囡

[vaːn³⁵mai¹¹] **"木碗"**

用木头或龙竹根凿出的碗，轻便结实，隔热效果特别好。常用来盛各种汤汁或作料，也适合幼儿吃饭，不易摔碎。

[pʰaːk³⁵] **"竹盘子"**

取一节大龙竹，两端保留竹节，从中剖开，抛光制成。用于盛放烹饪好的食物，隔热防烫。常用于盛鱼，有竹子的清香。

[xok³³tam⁵⁵tin⁵⁵] **"碓"**

利用杠杆原理，用木架架起一根长木头，长木头一端安装一段短木杵，用脚连续踏长木头另一端，木杵就连续起落，舂击石臼。用于舂制糍粑、魔芋等食物，以前也用来给谷子去壳。

2-19◆勐海勐景莱

2-27◆曼迈龙

[pʰa¹¹mɛ³³xo⁵¹] ｜ [pʰaːⁱ¹¹paːi⁵⁵lɛm⁵⁵] "菜刀"

　　传统的菜刀是柳叶尖刀,刀身窄长,刀背较薄,手工打制,
配木头刀把儿,不仅可用于切菜,也可用于宰杀牲畜。

2-28◆曼迈龙

[pʰa¹¹kɔm¹³] "砍刀"

　　刀身宽大无尖儿,刀背较厚,刀刃坚硬,手工打制,配
木头刀把儿。用来砍削较硬较大的东西,如骨头、木柴等。

[baŋ¹³tʰu³⁵] "筷筒"

　　装筷子的竹筒。一根长约 1 米的粗竹筒分成两层,上面
的孔洞插吃饭的筷子和汤匙,中间开出的小门插烤鱼用的竹
夹。常置于碗柜旁边或挂在碗柜侧面,方便取用。

2-26◆曼迈龙

2-29◆曼迈龙

[fa³⁵xeŋ⁵⁵] "砧板"

圆形的砧板最常见。从杧果树、酸角树或朴树的木头上，截下约10厘米厚的圆柱形木块，抛光后制成，质地坚硬，厚重沉稳。

[lim¹¹vaːn³⁵] "碗柜"

用木板和木方通过榫卯连接制成的方形立柜，柜脚较高，起防潮作用。讲究的碗柜上面还雕刻有各种花纹。双开门，内分3—6层，用于摆放碗盘、筷子等。

2-25◆曼迈龙

2-30 ◆曼迈龙

[hot³⁵] **"淘米箩"**

　　用篾片编织的如元宝状的尖底提篮，两头有耳朵，是傣家人蒸糯米饭必不可少的用具。淘米时放到木桶或陶罐上，把淘好的米倒进去沥水。分离出来的淘米水保存在陶罐里，用来洗头。

[tɛ¹³xau¹³] **"饭篾笆"**

　　用篾片编织的饼形用具，直径约半米，底部微微凹下，紧密无眼。糯米饭蒸好后，倒在上面，用木勺扒开，让热气散发，后移置于木锅中，用手直接抓食，这样处理后的糯米饭松软可口，不会黏手。

2-31 ◆曼迈龙

2-32◆曼将

[xɛŋ⁵¹] "米线箩"

　　盛米线或卷粉的竹器。呈长方形，箩帮细密，箩底为稀眼的篾笆，箩腰上有双耳。卷粉或米线较多时，用此箩来装，通风透气，不易变质。

[xau¹³bɛp⁵⁵] "竹饭盒"

　　用柔韧的细篾片编织成的圆形竹器。计算好尺寸，让编出的盒盖和盒身刚好能扣在一起组成一个圆盒，主要用来盛糯米饭带到田地里吃。也可用来装针线、首饰等。

2-33◆曼迈龙

2-38 ◆曼迈龙

[pʰa¹³nɔn⁵¹] "铺"

　　传统的傣家人不睡床而睡地铺，草席上铺个土布垫子，铺上床单，放上枕头和被子，就是床铺了。现在大部分老年人的床铺还是如此。

[saːt³⁵] "大竹席"

　　用竹篾编织而成的长方形篾器，较大，用于晾晒食物，如稻谷、蔬菜等。优点是光滑坚硬，在没有水泥地的时代，晾晒粮食很方便；缺点是收纳时比较费劲，要用较大力气卷起并用篾条扎紧，放到竹楼里干燥的地方以防受潮。

2-35 ◆曼迈龙

[mɔn⁵⁵ho⁵⁵] "枕头"

　　用土布缝一个方形条袋，里面装满干的攀枝花后密封，两端绣花或用花布装饰，透气干爽，软硬适中，有淡淡的花香。枕套以白土布最常见，也有红土布的。

2-36 ◆曼迈龙

64

[ʔu³⁵] "摇篮"

用篾片编织的较大的扁篮，椭圆形。用两根麻绳将其悬挂于竹楼横梁之上，篮内铺上软垫，用作婴儿的摇篮。可直接用手摇，也可在篮边上拴一根一两米长的麻绳来回推拉，这样摇摆的幅度较大，也较省力。

[mɔn⁵⁵ʔiŋ⁵⁵] "靠枕"

用棉布缝制成约 50 厘米长的小三角袋，袋里填充干的攀枝花做枕芯，把多个小三角袋连在一起拼接成一个大三角靠枕。有的靠枕是单独的，有的连接着垫子（图 2-37）。一般放置于堂屋中草席之上，供家人休息时用。

景洪傣语　贰·日常用具

2-39◆曼迈龙

[pʰa¹³hum³⁵] **"被子"**

　　传统的被子正面花色鲜艳,背面用白土布做成。旧时的棉絮主要用木棉,后来改用更柔软的棉花。

[pʰa¹³sə³⁵] **"褥子"**

　　用黑土布包干的芦苇花草或攀枝花缝制而成,用针线固定褥芯儿,柔软耐用。褥子相当于移动的床铺。有客留宿时,拿出褥子,铺在竹楼上的堂屋地板上,放上床单、枕头、被子,就是客人的睡处。

[pʰa¹³lop⁵⁵] "床单"

　　传统的床单是一块大白土布，一端有傣锦和白穗装饰，手工织成。纺线和织布曾经是女性必备的生活技能。

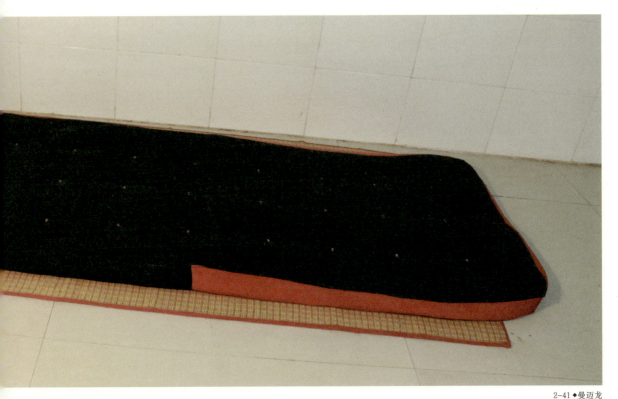

景洪傣语　贰·日常用具

2-43◆曼春满

[mu³⁵xau¹³vaːi⁵⁵] **"藤桌"**

桌子的底部用竹竿做一个圆形的架子，桌面用藤条或篾片编织而成，用于日常就餐。有单层桌和双层桌，双层桌的上层摆菜肴，下层放碗筷和杯子。

[mu³⁵xau¹³pɛn¹³] **"木桌"**

常见的饭桌。桌面呈正方形，由厚大的木板、木方通过榫卯结构拼接而成，不用胶粘，因为炎热潮湿的气候条件下，胶粘的桌面容易开裂。木桌一般不刷漆，不雕花，古朴大方。

中国语言文化典藏

2-42◆曼迈龙

2-45◆曼迈龙

2-46◆曼迈龙

[xan⁵⁵] **"高脚盘"**

做赕时放置供品和蜡条等的器具，多为铝质，表面镀金或银。也有竹制的，像小型的竹桌。

[taŋ³⁵ka³⁵] **"椅子"**

用木头制成，较重，朴实耐用，无雕花和复杂的造型。从词源上看，[taŋ³⁵]为汉语借词"凳"，[taŋ³⁵ka³⁵]即"有靠背的凳子"。

[mu³⁵xau¹³xɛ³³] **"竹桌"**

平时吃饭的简易桌子。用篾片编织而成，桌面为方形，边长约为80厘米，四周微卷；桌子底部由篾片编插而成，状如篱笆。竹桌也可用来放置针线、水果、祭祀用品等。

2-44◆曼迈龙

2-48◆曼迈龙

[taŋ³⁵saːn⁵⁵] "竹凳"

竹子弯曲成圆环做凳底，用篾片编织成圆形的凳面，凳面与凳底之间用木片或龙竹片连接，坐感凉爽有弹性。

[si⁵⁵li⁵¹] "蒲团"

用棉布做外套，干的攀枝花做芯儿缝制成的圆形垫子。外套可选用各种花色，做出各种造型，僧侣打坐或拜佛时用。

2-50◆曼迈龙

2-47◆勐海勐景莱

[taŋ³⁵] "竹筒凳"

用大竹筒制成的小凳子。取一节大龙竹，底部削平便于放置，顶部削平增加舒适感，中部镂空便于散热，竹筒一头留个把手方便移动和携带。

[taŋ³⁵vaːi⁵⁵] "藤椅"

用藤条和篾片编织的摇椅。椅面用剖开的藤条编织而成，藤椅脚弯成圆弧形，与其他竹子部件组装成藤椅架。置于竹楼阴凉处，坐上可前后摇摆，悠闲舒适。

2-49◆勐海勐景莱

四

其

他

用

具

[ha:u⁵¹] "晾衣竿"

把一根细长的竹竿架起来,用于晾晒衣物。晾衣竿通常架在竹楼上层的晒台上,也可架在院子里。

2-54 ◆勐海勐景莱

[pʰaŋ³³man⁵¹kɛu¹³] "马灯"

旧时的一种照明工具。用桐油做灯油,外面罩上玻璃罩子,防风。夜行时可手提或挂在马鞍上,也可置于房间内照明。

2-55 ◆ 勐海勐景莱

2-56 ◆ 曼迈龙

[vi⁵¹taːn⁵⁵] "扇子"

用竹篾编织而成。常见的扇子是圆形加手柄的，也有三角形的。

[nam¹¹tun¹³] "水罐"

用陶泥捏成葫芦状烧制而成，也有将葫芦晒干制成的水罐，用于盛饮用水。这种水罐现在仅用在佛寺里面供奉佛祖。

[ju⁵¹xɛm⁵⁵] "芦苇扫帚"

采来芦苇穗儿，晒干，除去上面的种子等杂物，剩下的部分用麻线在一根长竹竿上扎成梳子状的扫把，用来打扫室内卫生。

[ju⁵¹kaːn¹³kɔ¹¹] "蒲葵扫帚"

将蒲葵叶晒干，用藤条或铁丝将蒲葵叶绑在一根竹竿上做成的扫把，用于打扫庭院或大路。

2-51 ◆ 曼乍

2-52 ◆ 曼乍

[ʔɔm⁵⁵lau¹³] "酒坛子"

用陶泥烧制而成的盛酒器,肚子大脖子细,有一只耳朵便于提携,坛口像一个小型漏斗,便于装酒和倒酒。

[ʔɔm⁵⁵] "坛子"

用陶土烧成的容器,坛口有凹槽,用小瓦缸做盖子。用于腌制酸笋、水腌菜、酸鱼、酸肉等。腌制东西时,盖上小瓦缸,在凹槽里加水密封。

2-59◆曼迈龙

[ʔaːŋ³⁵nam¹¹]"水缸"

  盛水的大缸，陶制。是日常生活中的主要储水器。以前常置于灶台边，早起的女人们常常先去水井挑水，把水缸注满后才开始做饭。

[bom⁵⁵nam¹¹]"蓄水池"

  用水泥砌成的方形水池，外接水管，一般建于竹楼二层晒台处。

2-60◆曼林秀

[lim^11]**"衣柜"**

收藏衣物的长方形器具，通过榫卯将木板、方木连接制成，有盖，可上锁。底部有 4 个约 10 厘米高的脚，有利于防潮。

[koi^55]**"衣箱"**

用篾片编织成的双层有盖的方形箱子，里层为篾黄，外层为篾青，箱底垫有木板。用于存放衣物和被褥。以前姑娘结婚时都要备上一对作为嫁妆。

2-63◆勐海勐景莱

[ka:ŋ⁵⁵xau¹³sa:n⁵⁵] **"米柜"**

用木板制成的方形木箱,有盖儿,盛米用。常置于厨房,做饭时取用方便。

[ha:ŋ⁵¹mu⁵⁵] **"猪食槽"**

喂猪的器具。在一根 1.5 米左右的木头上挖出一个长方形的槽,把煮熟的猪食倒在槽里供猪食用。

2-64◆曼迈龙

2-66◆曼迈龙

[jaːŋ⁵¹kai³⁵] "鸡笼"

　　用竹篾编成的稀眼儿横置笼子，笼口用竹条围成三角状，便于稳定摆放，有三角形的盖儿。主要用来装鸡鸭，挑到集市上去卖。

[haŋ⁵¹xai³⁵] "鸡窝"

　　用竹篾编织而成的箩筐状的篾器，里面放入柔软的稻草，放在鸡圈上，供母鸡下蛋或孵小鸡。

2-68◆曼迈龙

2-65 ◆曼迈龙

2-69 ◆勐海勐景莱

[haːŋ⁵¹kai³⁵] "鸡食槽"

喂鸡的器具。取一节竹筒,两头保留竹节,将筒身去除一半,右端装一个竹子手柄,用来给鸡喂食或水。

[nep³⁵tuɯt³³sa³³] "拔痧夹"

将竹条弯曲成夹子状,竹条两端装上用于拔痧的木片。傣医认为,人若受不正之气或饮食不洁影响,会引起"痧气",表现为头晕、头痛、恶心,颈旁和后背会出现痧筋,此时可用拔痧夹拔它,反复多次,直到症状缓解为止。

[sum³⁵] "鸡罩儿"

用篾片编织而成的大圆罩子,顶部留一个圆洞用来放鸡进去。有的鸡罩儿还配有双层的竹盖子,盖子里装有石子增重,防止里面的鸡顶开盖子逃出。主要用来圈养母鸡和小鸡,或分养斗鸡。

2-67 ◆曼迈图

　　傣族的传统服饰具有鲜明的民族特色。男性上身穿立领对襟衬衫，衬衫用黑色或白色土布缝成，布扣儿，分长袖和短袖两种。男性的裤子是一种大腰大裆大裤腿的长裤，用青黑土布缝成，穿着时在腰前折叠，系布腰带或银腰带，方便劳动也方便娱乐活动。过去傣族男子在公共场合露着光头是不礼貌的，要包上包头，或戴帽子。普通百姓大多用白色或黑色土布做包头，富贵人家用彩色的绸缎。商人、社会贤达外出应酬时，喜欢戴黑色或灰色小毡帽。当地气候炎热，一年四季基本都是单衣单裤，过去男人们都有一条薄毯子，天凉时就披在身上。旧时男孩六七岁时都要到佛寺出家学习传统文化知识，20 岁前还俗，现在出家的男童少了。出家期间都穿僧衣披袈裟。僧衣是用黄色或红色土布缝制的露右肩的连体长衫，出家人平时先穿僧衣，再披袈裟。小和尚的袈裟是一整块长方形的锁了边的黄布，佛爷的袈裟用 16 块长方形黄布缝成。

　　女性的服饰多彩绚丽。上身贴身穿挂肩无领紧身背心，少女的背心可依据自己喜好饰各色花边，妇女的花色较单一。背心外，套单色大襟窄袖束腰衣，过去以白色为主，现多用花布缝制。女性不分老幼下装都穿各色筒裙，筒裙为一个宽大的布套，穿着时在腰前折叠束紧，系上银腰带固定。筒裙的花纹多种多样，有万字纹、孔雀纹、水波纹等，样式修长，色彩和谐。过去的筒裙用几块土布缝成，裙头色浅，裙摆色深。

中国语言文化典藏

现代的筒裙花色繁多，通身为一块布料，两头布口缝起来就是一条漂亮的花筒裙。下地劳动的时候，把裙摆卷到膝盖，打个结，也可以把裙摆卷起来别在腰带上，方便活动。女性也有包头的习俗，过去用土布织成长方形的两头有穗儿的包头巾，20世纪四五十年代用棉纱针织素色大浴巾，20世纪七八十年代用化纤织花四方巾，现在多用各色丝巾。

傣族女性都留长发，挽髻，饰以梳、簪、头花，或戴各色头巾。佩耳环、手镯、戒指、臂环、银腰带等饰品。

日常生活中，傣族男性基本跟汉族一样着便装，很少穿着本民族服装。女性穿着传统服饰的还比较普遍，尤其是节庆的时候。

以前，缝制傣族服饰所用的布料多为手工纺织的土布和傣锦。每家傣楼下面都摆着纺车和织布机，妇女农闲的时候就坐在织布机前操劳。能干的女人都会自己缝制一家人的衣服，如果想做得更精美些，也可以请寨子里的裁缝帮忙。如今，衣服鞋帽都可到当地的傣族服装店购买，款式和花色十分丰富，所用布料已不再是当年的土布和傣锦，而是机织布。

3-4 ◆曼迈龙

[sin¹³ta⁵⁵] "筒裙"

女性从三四岁开始穿筒裙。依身材的高矮胖瘦，用一块方形的土布缝成宽大的圆筒，穿着时在腰前折叠束紧，系上银腰带。一条传统的筒裙通常有三种颜色，筒裙头为浅色，脚为深色，中间部分的颜色介于二者之间，并饰以各色丝线。

3-1 ◆曼迈龙

[sə¹³pat³³] "紧身上衣"

女式 V 领大襟长袖紧身外衣。穿着时，外襟盖住内襟拉至腰间，用缝在衣襟上的布条或扣子系紧，下摆呈扇形在腰侧翘起，突出腰部的柔美线条。以前多用白色土布缝制，如今各色花布均有，也有短袖、半短袖的款式。

3-2 ◆曼迈龙

3-3 ◆曼迈龙

[sə¹³joŋ¹¹] "掩襟上衣"

　　女式上衣。外襟盖住内襟，在胸右侧系扣儿，衣长及腰，可露出腰间系筒裙的银腰带，无领儿。老年女性常穿的多为单色上衣，青年女性各种花色均有。

[sə¹³hɛt³³] "女式背心"

　　一种吊带无领的紧身内衣，可依据各人的喜好饰以各色花边，具有束胸束腰的作用。天气凉爽的时候，可单独穿着。

[pʰa¹³bai⁵⁵] "披肩"

　　传统的女性披肩用土布镶边缝成，两端有穗儿，经久耐用。既用来御寒，也用来背孩子。以绿、紫、蓝、白四色最为常见。

[sə¹³tɔm³⁵xɤt³⁵] "男式外衣"

　　旧时男性多穿着立领收腰的对襟上衣，较贴身，衣摆两边开叉。成年人的外衣多用黑色或白色土布缝制而成，小孩的花色较多，还有各种花边装饰。

3-5 ◆曼迈龙

3-6 ◆曼春满

3-9◆曼迈龙

3-8◆曼迈龙

[teu³⁵vet³³] "大裆裤"

男式长裤，多由黑土布缝制而成，腰、裆、裤腿都很大，宽松方便（图3-8）。穿着时，在腰前折叠束紧，再系上腰带。

3-7◆曼迈龙

[sə¹³ba⁵¹] "男式坎肩"

用黑土布或白土布缝成无袖对襟衫，多用布扣儿，下摆两边开叉，前襟和下摆边沿有装饰。现在的坎肩用料和款式比以前更为丰富。

3-11 ◆曼迈龙

[pʰa¹³bai⁵⁵] "披毯"

两端带黑条纹的红毯子，曾是成年男子御寒的"披肩"，几乎每人都拥有一条。天冷的时候，早晚披着外出，夜间放到床上当被子盖。

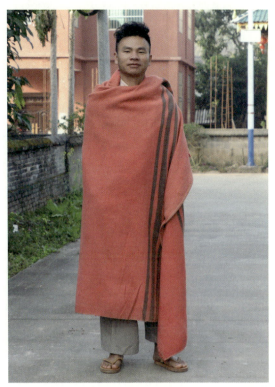

3-10 ◆曼迈龙

[təi⁵⁵] "蓑衣"

取几片棕榈树的大叶子，用薄篾片从中间编织固定，把大叶连接成长方形，篾片上穿两根细麻绳，穿着时把麻绳套在肩上，与斗笠配合，用于避雨。

[sə¹³xaːu⁵⁵teu³⁵xaːu⁵⁵] "白衣白裤"

白布做成的衣裤。居家的老年男居士，如果诚心向佛，遵守不杀生、不偷盗、不淫邪、不妄语、不饮酒这五条戒律，可认定为在家修行的长老。在关门节期间，日常生活和进入佛寺的时候都要穿白衣白裤。

3-13 ◆曼降

3-12 ◆曼迈龙

3-16 ◆曼迈龙

[xaːt³³ho⁵⁵] "包头"

女性包头是一块窄长的白色土布，两头有穗儿，戴时穗儿垂于两耳之后（图3-15）。男性包头是一块长约1.2米、宽约0.5米的白色或黑色土布，戴时折叠成约10厘米宽的布条裹在头上，布条一端在左耳上方做成一个向上翘的"小扇子"（图3-16）。

3-15 ◆曼迈龙

[mok³⁵bai⁵⁵] "小毡帽"

过去男子在公共场合不戴包头或帽子是不礼貌的，许多男子喜欢戴小毡帽，以黑、灰、青、紫四色为主，多为外出应酬或经商时使用。

3-17 ◆曼迈龙

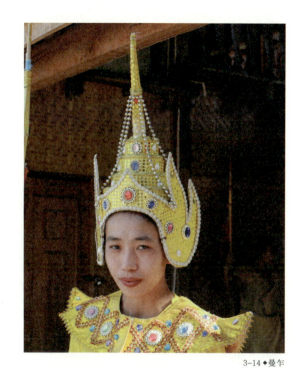

3-14◆曼乍

[mok^{35}ho^{55}ta:u^{11}pi^{51}ni^{51}] "贵族帽"

过去傣族王室在重大活动中盛装出行时所戴的帽子，金黄色，形如头盔，帽顶呈塔状，帽子正面用各种珍宝装饰。现代的演出中还能见到类似的道具。

[mok^{35}ho^{55}tai^{51}] "傣帽"

现代傣族男性常见的帽子。用棉布缝一个头箍儿，里面塞一层海绵，左边钉上扇形布花制成。成年男性的帽子以红色、黄色为主（图 3-18）。儿童的帽子花色更丰富。

3-18◆曼迈龙

[kup⁵⁵fən⁵¹] "草帽"

由于气候炎热，草帽是人们外出劳作时主要的遮阳用具。当地手艺人用稻草编制。以前男女都佩戴草帽，现在女性能买到花样繁多的遮阳帽，草帽只有男人戴。

[kup⁵⁵pɯk³³] "篾帽"

过去傣家人遮雨用的斗笠。用篾片严密编织而成，里层为篾黄，外层为篾青并涂抹桐油密封。

[xɛp⁵⁵kɔp³³] "拖鞋"

根据脚的大小选择一节竹筒，剖成两半，三面削平，底部削成拱桥的形状，每一半上打三个小孔，用麻线穿过小孔，系好就做成了人字形拖鞋。

中国语言文化典藏

[maːt³⁵kau¹³kaːp³⁵] **"花瓣簪"**

簪头为一朵金莲花,梳好发髻后,插在上面起装饰作用。一般女子盛装时跟其他头饰一起佩戴,也可单独佩戴。

[maːt³⁵kau¹³kɔ³⁵] **"伞簪"**

日常生活中比较常见的一种头饰,纯金制成,簪头像撑开的小伞,上面有精致的花纹。常单独佩戴,也可跟其他头饰一起佩戴。

[maːt³⁵kau¹³hi⁵⁵ma⁵⁵] **"束发箍"**

用来固定发髻的金箍,金箍上排列有若干金叶子,叶子上有美丽的图案,盛装时佩戴在发髻外,既起固定作用,又美观雅致。

3-24 ◆曼迈龙

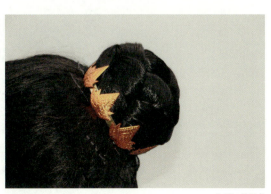

3-22 ◆曼迈龙

景洪傣语

叁·服饰

91

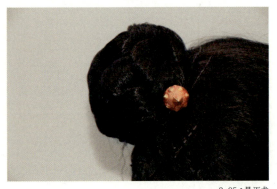
3-25 ◆曼迈龙

[maːt³⁵kau¹³tsum⁵¹pu⁵¹ləi⁵¹] **"塔簪"**

簪头如圆形的宝塔，小巧质朴，纯金制成。不单独佩戴，只在盛装时跟其他头饰一起佩戴，有吉祥平安之意。

3-27 ◆曼迈龙

[jɛn⁵¹xam⁵¹] **"金头花"**

盛装时最重要的发饰，包括一朵带金穗的大金莲花和一串带穗的小金莲花。穿戴时，大金莲花别在发髻一边（图3-26），发髻另一边的头发梳成扇形，饰以一串小金莲花（图3-27）。

3-29◆曼迈龙

[dɔk³⁵mai¹¹det³³] "头花"

女性喜欢在发髻一边缀一串头花，直垂到耳朵下面。以前用的是素馨花或其他成串的鲜花，现在多用塑料花和布花。

[maːt³⁵kau¹³dɔk³⁵mai¹¹ŋɯn⁵¹] "银钗"

钗头用纯银打制成莲花花瓣层叠的半圆形状，其中一片花瓣上钻孔，穿上银链，银链上缀有小银片。头发梳髻后，别在髻上起装饰作用。银链摇曳，小银片会发出悦耳的细响。纯手工制作，盛装时佩戴。

3-28◆曼乍

[laːn⁵¹hu⁵⁵taːŋ¹³tsin³⁵] "耳钉"

传统的耳饰，用金片或银片做成直径约2毫米的空心小圆柱，一端镶上伞状或塔状造型，佩戴时直接把小圆柱插入耳洞即可。

3-30◆曼迈龙

3-31◆曼迈龙

3-36◆曼迈龙

[sɔi¹³hu⁵⁵] "耳环"

以金质为主，也有银耳环，常见的耳环下的坠儿造型有宝塔、孔雀、大象、花卉等。由当地的银匠手工制作。

[saːi⁵⁵haŋ¹¹ŋɯn⁵¹] "银腰带"

妇女穿着筒裙时，常在腰间系一根银腰带，既束紧筒裙，又起装饰作用。银腰带用银线和银片焊接成连环扣，再一个一个连接起来，腰带扣儿是一块大银片，上面刻有花卉图案，增加美感。

[ven⁵⁵] "手镯"

傣族男女都有佩戴手镯的习俗，女性的手镯纤细精巧，上面可雕刻各种花纹图案，是盛装活动时的重要饰品。男性的手镯粗大厚重，一般无图案。

[tsɔm³⁵mɯ⁵¹] "戒指"

以手工制作的金戒指最常见。男人的戒指厚重，女人的戒指精致，上面刻有花纹。戒指戴在哪根手指没有特定的含义，有的五根手指都戴着金戒指。

3-33◆曼迈龙

3-34◆曼迈龙

[soi¹³xɔ⁵¹]**"项链"**

　　纯金制成的颈饰。男女都有佩戴项链的习俗，男性的项链简洁粗犷，女性的项链精美灵动，均以又粗又重为美。坠子以傣族的大象、孔雀等动物或鸡蛋花、莲花等花卉图案为常见。

[pʰa¹¹xat⁵⁵]**"佩刀"**

　　以前，男子有佩带腰刀的习俗。刀刃长一尺有余，刀尖锐利，刀把儿用木头或牛角做成。腰刀既是装饰品，也是劳动工具，现在已很少佩带。

景洪傣语

叁·服饰

[pʰa¹³tset³³] "傣锦方巾"

一块方形的土布傣锦，可用来擦汗，相当于汗巾或手绢。这样的傣锦也常拿来当红包用，参加婚丧嫁娶等活动时，用它包上钱和蜡条，送给主人家。

[pʰa¹³tse³⁵] "背带"

傣家人使用的背带是一块长方形的傣锦，背孩子时，将背带系于胸前。从前的背带多用土布缝制而成，既做披肩，也用来背孩子。

3-37◆曼迈龙

[saːi⁵⁵haŋ¹¹] **"布腰带"**

一块长约1.5米、宽约40厘米的土布，折叠成约20厘米宽的布带，用来系在腰间束紧大裆裤。以黑、白两色为主，两端有穗儿。

3-41◆曼迈龙

3-40◆曼迈龙

[tʰuŋ⁵⁵pa⁵¹] **"挎包"**

挎包既是日用品，也是装饰品。传统的挎包采用复杂的傣锦织造法，在织布机上一次性织成。包上的花纹有水纹、孔雀纹、八角花、万字纹等，有的还会织上傣文。包底部两角有丝线装饰。大的挎包男女通用，女性还会把精巧的小挎包系在腰间当钱包用。现代的挎包有用其他面料做成的，但款式和花纹变化不大。

[tʰuŋ⁵⁵pɯ⁵⁵] **"大挎包"**

传统的大挎包由黑色土布缝制而成，用来装运水果、蔬菜、衣物等物品。现在的大挎包多为尼龙编织袋。

肆·饮食

　　景洪纬度低，海拔较高，白天炎热，夜晚凉爽，降雨量丰沛，特别适合动植物生长。这里的傣族主要种植水稻，同时也种植甘蔗、玉米等农作物。一年分为旱季和雨季，旱季种植甘蔗，雨季种植两季水稻。由于土地肥沃，水稻产量高，自古以来温饱就不是问题。

　　得益于良好的气候条件，景洪的动植物种类特别丰富，且受季节影响很小，房前屋后，随便种植瓜果蔬菜都会获得丰收。在长期的生活实践中，傣族人民创造出许多具有鲜明特色的食品和菜肴，形成了自己独特的饮食习俗，被称为"傣味"。傣味不仅在景洪享有盛名，在云南省内外也有一定知名度。

　　景洪傣族以大米为主食，尤其喜欢吃糯米饭。每天清晨，主妇在火塘上生好火，将头天晚上泡好的糯米淘洗干净，放到木甑中蒸熟，倒在饭簸箕上，用竹片把饭搅散，待糯米饭冷却后盛入陶罐或木锅，以备一天食用。吃糯米饭通常不用筷子，直接用手抓捏成团儿，蘸"喃咪"吃，或包入烤鳝鱼、烤肉条、炒青苔之类的菜肴食用。当地有顺口溜"手抓饭，蘸喃咪，最好吃；手抓饭，烤鳝鱼，二两米酒天天干"，由此可以看出人们对糯米饭的偏爱。人们还会制作竹筒饭。取新鲜竹筒做炊具，把糯米淘洗干净装入竹筒，放适量的水，用芭蕉叶塞紧筒口，放在炭火上烤熟，剖开竹筒即可食用。

中国语言文化典藏

人们还会把糯米放到菠萝里做成菠萝饭，把菠萝掏空，放入糯米饭，用木甑蒸熟即成。人们还会用"染饭花"把糯米饭染成不同的颜色食用。

人们还喜欢把糯米加工成米线、卷粉、米凉粉、米粑粑等不同形态的特色食品。传统的手工米线当地又叫"臭米线"，用水把米浸泡至发酵，略有臭味，磨成米浆，过滤去渣，晾晒成米饼，回锅制成稠米浆，再把稠米浆倒入特制的工具中用手挤压，米浆变成米线落入沸水锅中，用漏勺捞出放进冷水中冷却即成。米凉粉用米面加石灰做引子煮制而成，可加作料凉食，也可回锅炒食。米粑粑有两种，一种是米面粑粑，糯米饭加红糖浆舂制成泥状，放到芭蕉叶上压成10厘米左右的薄饼晾干，用炭火烘烤后食用；另一种是米饭粑粑，将红糖熬成浆状，倒入糯米饭，搅拌均匀，用勺子舀入专门的模子中摊成薄饼晾干，用油炸酥后食用。

傣族的菜肴非常丰富。除常见的蔬菜外，人们也常采摘野生的藤、叶、嫩尖、花、果、茎、根来做菜。荤菜方面，傣族主要吃牛、猪、鱼、鸡等。烹饪方法有煎、炸、煮、蒸、烤。生食也是傣味的一大特色，除生蔬菜蘸"喃咪"外，还有凉拌生鱼肉、牛肉、螃蟹等。用芭蕉叶做的包蒸肉、包烧肉、包蒸甜品也颇具特色。

[xau¹³maːk³⁵xeʔ⁵⁵net⁵⁵] "菠萝饭"

　　切下菠萝带剑叶的部分做盖子，把果肉掏出，然后将切碎的果肉与糯米饭混合拌匀，填入菠萝壳中，盖好，并用竹签固定，放入木甑中蒸熟即成。可根据个人喜好在糯米饭中加入花生、芝麻、蜂蜜等。菠萝味与米香相得益彰，具有独特的傣乡风味。

[xau¹³ləŋ⁵⁵] "黄米饭"

　　山上找来黄色染饭花泡汁儿备用。把糯米淘洗干净，倒入染饭花汁儿中浸泡一夜，取出蒸熟即成。黄米饭跟普通糯米饭的味道差别不大，增加了淡淡的花香。节日庆典时制作食用。

[xau¹³kam³⁵] "紫米饭"

　　紫糯米是一个特殊的水稻品种，颗粒长而黑，煮出来的米饭为紫色，比白糯米饭更香软。常夹肉条或青苔—一种可食用的藻类植物，捏成饭团做早点食用。

4-6◆曼迈龙

4-5◆曼迈龙

102

4-1 ◆曼迈龙

4-2 ◆曼迈龙

[xau¹³ʔa:n⁵⁵] "籼米饭"

现在人们多食籼米饭。籼米饭黏度低，蒸或煮都比较方便。不过在重要的节日和宴会上还是以糯米饭为主。

[xau¹³nɯŋ¹³] "糯米饭"

以前人们以糯米饭为主食。糯米浸泡一夜，早起淘洗干净，放入木甑中蒸熟，倒在专用的圆形无沿的"饭篾笆"上，用竹勺子把饭散开，让热气散发，冷却后装入专用的木锅或篾饭盒，以备一天食用。糯米饭松软可口，用手抓着吃也不黏手，不易变馊。

[xau¹³la:m⁵⁵] "竹筒饭"

用一种本地特有的新鲜竹筒做容器，把糯米淘洗干净后装入竹筒，放适量的水浸泡数小时，再用芭蕉叶把筒口塞紧，放在炭火上烤熟，剖开竹筒，就是包裹着香竹膜的糯米饭条。竹筒饭柔软可口，有竹子的清香。

4-4 ◆曼迈龙

4-7◆曼迈龙

[xau¹³sɔi⁵¹] **"卷粉"**

大米磨成粉调制成米浆，将适量米浆倒入平底容器中摊平，厚约1毫米，上锅蒸熟制成卷粉。烹饪时用刀切成细条或方块，与肉酱、作料一起煮食，也可凉拌或炒食。主要作为早点食用。

[xau¹³num⁵¹] **"米线"**

传统的米线为纯手工制作。把米用水浸泡至发酵，捞出磨成米浆，用纱布过滤去渣，晾晒成米饼，放入锅中煮七成熟捞出舂碎成稠米浆，把稠米浆放入一块中间缝有多眼儿铜片的方布中包起来用手挤压，米浆从眼儿中缓慢漏出，变成线状落入沸水锅中，再用漏勺捞出放进冷水中冷却即成。可晾制成干米线储存，也可直接烹饪食用。吃法与卷粉相同。

4-8◆曼迈龙

4-11◆曼迈龙

[xau¹³lɛŋ⁵¹fuɴ⁵¹] "米凉粉"

　　大米磨成粉，加水调成米浆。锅里把水烧开，加少许石灰做引子。将米浆倒入锅中，不停搅拌，防止粘锅，煮熟成米糊后，用瓢舀入盆中凉透即成米凉粉。食用时切条凉拌，或加水、作料煮食，也可加红糖煮食，味道各异。

[xau¹³xɛp³⁵] "米面粑粑"

　　糯米饭加红糖浆舂制成泥状，做成薄饼晾干，用炭火烘烤后膨胀变酥脆，香甜可口。也可油炸食用，是喜宴上必不可少的食品。

[xau¹³tɛn⁵⁵] "米饭粑粑"

　　红糖熬成浆状，倒入糯米饭，搅拌均匀，用勺子舀入专门的模子中摊成薄饼晾干。用油炸酥后食用，香甜酥脆。

4-9◆曼迈龙

4-10◆曼迈龙

4-12◆曼迈龙

4-13◆曼迈龙

[xau¹³lɛŋ⁵¹fuɯ⁵¹man⁵¹toŋ⁵⁵]"芭蕉芋凉粉"

用芭蕉芋粉加少许石灰做引子煮出来的凉粉，晶莹有光泽，偏紫色。加油辣椒、香菜、水腌菜等作料凉拌，味道可口。芭蕉芋凉粉是人们常吃的消暑食品。

[lɛŋ⁵¹lot³³soŋ⁵¹]"米凉虾"

做法与"米凉粉"大同小异。米浆煮成米糊后，置一盆清水，盆上盖一块多眼大铜片，用瓢将米糊舀到铜片上，漏入盆中的小米糊团儿迅速冷却，如万千虾米在游动，用漏勺捞出即成"米凉虾"。食用方法同"米凉粉"，口感爽滑。

[xau¹³tum¹³]"粽子"

用芭蕉叶把糯米和花生包成锥状小粽子，用水浸泡 3—4 个小时，放到锅里煮或蒸熟。其特点是小巧玲珑，味道清香，是到佛寺供养的必备食品。

4-14◆曼迈龙

4-15◆曼迈龙

4-16◆曼迈龙

[xau¹³tum¹³man⁵¹mu⁵⁵] **"肉粽"**

用芭蕉叶把糯米、花生、猪肉末包成长约20厘米的条形，中间粗两头细，用篾片扎紧，在水中浸泡3—4小时，放入锅中蒸熟即可。去掉芭蕉叶，切片食用，味道鲜香。

[xau¹³ta⁵⁵pa⁵⁵] **"珍珠米粑粑"**

珍珠米加椰丝、红薯丝，放入水中浸泡3—4小时，捞出滤水，用芭蕉叶包成方形，放到木甑中蒸熟即可。味道甜而不腻。

[ho⁵⁵buk⁵⁵] **"魔芋粉条"**

景洪傣族地区盛产魔芋，魔芋收获后，洗净粉碎，加适量石灰漂煮过滤，制成魔芋粉。魔芋粉加水煮成糊状，用模具压制成米线状的食品就是魔芋粉条。可炒食，也可凉拌。

[xau¹³tsi³⁵ŋa⁵¹] **"苏子粑粑"**

糯米饭舂碎捏成饼状，用红糖或豆沙做馅儿，做成贝壳的形状，撒上苏子，在炭火上烤熟即可食用。味道软糯香甜，用紫糯米做的味道更佳。

4-17◆曼迈龙

4-18◆曼迈龙

4-20 ◆曼迈龙

[ʔɔi¹³dɛŋ⁵⁵] "红糖"

景洪傣族地区盛产甘蔗，有的寨子还有专门榨糖的人家。红糖都是传统工艺制作的方糖，松软甜蜜。用木榨糖机把甘蔗压出汁水，倒入大铁锅里煮，煮的时候不停地搅拌，待水分完全蒸发，糖浆变成暗红色，用勺舀入模具中冷却晾干即成。

4-25 ◆曼空代

[ja⁵⁵dɛŋ⁵⁵] "草烟"

用晒干的嫩柊树叶把烤烟丝裹成草烟，长约15厘米，一头粗一头细，用晒干的甘蔗叶塞在细的一头做过滤嘴，用细线扎牢。从前，老人过世后，如果他生前吸烟，要制作这样的草烟陪葬。

4-19 ◆曼迈龙

[tʰoŋ³⁵ʔo³⁵hɛŋ¹³] "干豆豉"

黄豆泡透蒸熟，捣碎后加盐、辣椒等调料发酵后制成豆豉。将豆豉做成薄饼状晒干即成。常用油煎熟后吃，是吃卷粉、米线、糯米饭时的重要佐料。

4-21 ◆曼迈龙

[lau¹³tsɛ³³ja⁵⁵] "药酒"

普通人家常会根据傣药配方，到山上找一些热带草药来，用白酒泡制成药酒。民间认为，有的药酒具有治疗作用，有的药酒具有保健作用。

中国语言文化典藏

[jɛ³⁵la¹¹] "茶叶"

4-22◆曼迈龙

傣族在山地上种植茶叶的历史非常悠久，普洱茶的主要原料就来自西双版纳。人们把茶叶采来，用铁锅炒制成绿茶饮用。地处亚热带，喝绿茶具有消暑止渴的作用。

[fə⁵⁵ʔum¹³] "香草茶"

[ʔum¹³]，景洪汉语方言叫"糯米香草"，常用来熏茶，也可直接泡水饮用。有一股特别的清香，民间认为具有去火的作用。

4-23◆曼凹（岩轰坎）

[la¹¹haːk³³mɛŋ³⁵] "草根茶"

[haːk³³mɛŋ³⁵]是一种茅草根，在傣药中具有除湿败火、助消化的作用。当地人用来煮茶喝，认为具有健胃消食的作用，味略苦。

4-24◆曼迈龙

109

4-26◆曼迈龙

[xau¹³tsɯn⁵⁵] **"油炸粑粑"**

在米浆里放适量红糖，用小铁勺舀入油锅中炸出来的椭圆形小饼。有的还在米浆中加入鸡蛋。

[xau¹³lɔŋ¹¹kɔŋ¹¹] **"米面圈儿"**

糯米面加红糖、水揉成面团儿，用手捏成圈儿，放入油锅中炸，变成金黄色捞出食用，味甜香，常用篾片串起来吃。

4-27◆曼迈龙

[tsin¹¹piŋ¹³] "烤肉"

普通人家待客的时候都会做烤肉。精瘦的猪肉切成长条，用竹夹夹好，抹上盐，放在炭火上烤到八成熟，再撒上花椒、辣椒面等作料，烤至全熟取下，切成小肉条装盘食用。

[xo¹³xoŋ⁵¹nai⁵¹] "炒内脏"

刚宰杀的牛、猪、羊等，取出其心、肝、胰剁碎，加辣椒、小葱、香菜等作料爆炒而成。味道鲜香。

4-29◆曼迈龙

[tsin¹¹kai³⁵ʔop⁵⁵mɔ¹³] **"赶摆鸡"**

逢年过节常见的美味佳肴。家里放养的土鸡宰杀切块，放入锅中煮熟捞出，加辣椒、花椒、八角、香菜等作料回锅翻炒约2—3分钟，用芭蕉叶包好即可。可用来待客，也可带到外面野餐。脆嫩鲜香，有芭蕉叶的清香。

4-31◆曼迈龙

4-32◆曼迈龙

[pʰak⁵⁵tsɔ⁵¹] **"酸包菜"**

"酸包树"是一种落叶乔木，傣家的房前屋后都有，春天来临，长出的嫩叶就是酸包菜。采来酸包菜，清水煮熟，连汤捞出，加油盐辣椒回锅翻炒入味即可。味道鲜美，有酸味。酸包树发芽的时节，往往是一家采摘，周围邻居一起分食。

[xɛ⁵¹loŋ⁵⁵] **"炦烀"**

当地汉语方言词，菜名。精选牛腩切成块儿，用盐腌制两小时左右，加香茅草、生姜、草果、八角、花椒等香料，用小火煮到烂熟即成。味香，口感软糯。

4-30◆曼迈龙

4-33 ◆曼迈龙

[naŋ⁵⁵poŋ⁵¹] "炸牛皮"

牛皮或猪皮去毛切条，煮熟晒干，油炸食用。常用来蘸"番茄喃咪"（图4-49）吃。这是傣家一年四季的家常菜。

[xo¹³pʰak⁵⁵kut³⁵] "炒蕨菜"

雨季来临，山上的蕨菜破土而出，上山采来蕨菜嫩苗，焯水后，加干辣椒、番茄、豆豉等炒食，也可清炒。味鲜美。

4-34 ◆曼迈龙

[sa¹³pʰe¹¹] "撒撇"

过节、招待宾客的重要菜肴。"撒撇"是傣语的音译，牛肠洗净后煮的汤叫"撇"。把精牛肉剁成泥，加姜末、蒜末、葱花等拌匀，浇上温热的"撇"，拌成糊状即成。用刺五加、薄荷、鱼腥草、黄瓜等蘸食。

4-35 ◆曼迈龙

4-36◆曼迈龙

[pa⁵⁵hɛŋ¹³] "鱼干"

　　将鱼切块加盐腌制几小时，放在炭火上慢慢烤干，在烘烤过程中，可根据各人的口味加上不同的调料。烤出来的鱼干主要是直接食用，也可贮存食用，但保质期不长。

4-39◆曼迈龙

[tsin¹¹kai³⁵xɛ⁵¹sai³⁵mɔ³⁵top⁵⁵] "酸笋鸡汤"

　　鸡肉切块下锅炒至三成熟，加入酸笋和各种调料，翻炒均匀，加清水煮熟即可。味道酸甜可口，是传统的美食。

[pʰak⁵⁵sum¹³nam¹¹] **"水腌菜"**

当地的小青菜晒至八成干，加盐、辣椒面，不断揉搓至水分稍有渗出，然后放到坛子里密封腌制约一个月，生菜味消失后即可食用。味道酸辣爽口，是吃米线、卷粉的主要佐料。

4-38 ◆曼迈龙

[tsin¹¹heŋ¹³] **"肉干"**

牛肉或猪肉切条加盐腌制四五个小时，再放在火塘上方慢慢烤干，也可烘烤至半干，再蒸熟食用。现在没有火塘，人们用自制的火炉烘烤。味香，有嚼劲。

4-37 ◆曼凹（岩菱坎摄）

115

[tsin¹¹mu⁵⁵ʔɛp⁵⁵] **"包蒸肉"**

　　将猪肉末加葱花、姜末、八角粉、香菜等作料拌匀，用芭蕉叶包好，放入木甑中蒸熟即成。味道鲜嫩可口，有芭蕉叶的香味。

4-40◆曼迈龙

4-41◆曼迈龙

[pa⁵⁵piŋ¹³] **"烤鱼"**

　　把鱼除去鱼鳞，剖开洗净，鱼腹中加入秘制的调料，用香茅草捆好，放在炭火上烤熟即成。外焦里嫩，肉质鲜美，有茅草的香味。

[sum¹³naŋ⁵⁵] **"酸牛皮"**

　　牛皮去毛煮熟，切成长条，加食盐、辣椒面、姜末、蒜末等凉拌，拌好后入坛腌制4—7天即成。味道酸辣爽口。

4-42◆曼迈龙

4-43◆曼迈龙

[xɛ⁵¹pʰe¹¹] "牛撇汤"

牛肠洗净后煮的汤叫"撇"。鲜牛肉切片煮汤时，加半碗"撇"，煮熟即成。味鲜香。

[pə¹¹vaːŋ³⁵] "血旺"

宰杀牛、猪、鸡时，用盆盛其血，加入蒜末、姜末、八角粉、香菜等调料，倒入适量凉白开，搅拌均匀，用勺舀入大碗中静置，凝固后直接食用。口感如豆花。宰牲时都有这道菜。

4-44◆曼迈龙

[kai⁵¹tau⁵¹] "炒青苔"

春天河里新长出来的一种藻类植物，捞出洗净，摊成薄饼，洒盐水后晒干。食用时，微火烤熟变脆，揉碎，加葱花炒香即可。味极香，是吃糯米饭团的重要菜肴。

4-45◆曼迈龙

[pʰak⁵⁵laʔ⁵⁵xo¹³sai³⁵xai³⁵] **"臭菜煎蛋"**

臭菜是一种野生蔬菜，学名羽叶金合欢。取臭菜的嫩叶切碎，与鸡蛋搅拌在一起，下锅煎成饼状即成。喷香可口，是傣味传统的名菜。

4-46◆曼迈龙

4-47◆曼迈龙

[tuŋ³⁵laːn³⁵] **"肉冻"**

新鲜猪皮洗净，加盐、生姜、辣椒等调料，大火煮至沸腾，转成小火慢炖，直到猪皮化成糊状，冷却一夜即成。口感像果冻，冬季夜间寒冷时才能烹制。

4-48◆曼迈龙

[xo¹³nɔ³⁵] **"炒竹笋"**

雨季来临，竹林中挖来新鲜的竹笋，去皮洗净切片，放辣椒、香菜等炒熟即可。也可将新挖来的竹笋洗净晒成笋干保存，吃竹笋的季节过去，把笋干浸泡透，捞出炒食。甜脆鲜香。

[nam¹¹mi³⁵xə⁵⁵maːn³³] **"番茄喃咪"**

"喃咪"是傣语音译，意思是酱。把番茄放到柴火上烧熟，去皮，用木臼捣成糊状，加食盐、蒜末、姜末、香菜、小米辣等调料搅拌均匀。用油炸牛皮、水香菜等蘸食。

4-49◆曼迈龙

[nam¹¹mi³⁵pu⁵⁵] **"螃蟹嗬咪"**

把生螃蟹捣碎,加入适量冷开水浸泡一天,去渣煮成糊,加食盐、葱花、姜末、蒜末等作料拌匀即成。色乌黑,味辛辣,有螃蟹的清香。可直接食用,也可当蘸料。

4-50◆曼迈龙

[mi³⁵xə⁵⁵lən⁵⁵] **"凉拌野茄子"**

寨子里野茄子很常见,乒乓球大小,有黄有绿,采摘切片,加牛苦胆水和姜末、蒜末、香菜等调料凉拌食用。味微苦,清香爽口。

4-51◆曼迈龙

[ma:k³⁵tɛn⁵¹tsɔ⁵¹] **"酸枣汤"**

酸枣可直接食用,口味酸中带涩,常用来做汤。新鲜酸枣洗净,放入红糖水中熬制而成。味酸甜,冰镇后食用味道更佳。

4-52◆曼迈龙

4-53◆曼迈龙

[pa⁵⁵nɯŋ¹³] **"蒸鱼"**

将鱼切块,加盐、葱、姜、香菜、香茅草等调料腌制一小时后装盘,用木甑蒸熟即可。作料的香味浸入鱼肉之中,味道鲜香爽口。

119

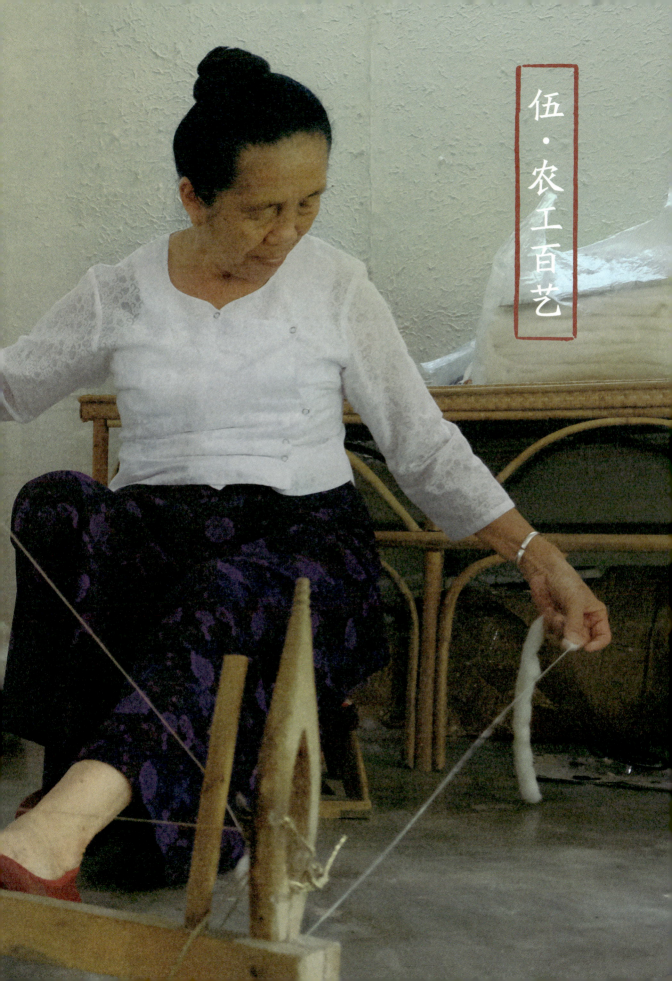

伍·农工百艺

　　景洪傣族以农业为主要经济形态,主要种植水稻,也种玉米、菠萝、甘蔗、香蕉等。农事活动按照傣历安排。当地民间流传的傣历"十二月歌"反映了一年内节令变化与农业生产的联系,"按歌行事"基本上就能把一年的生产活动安排好。以景洪为中心的西双版纳水稻种植面积广,产量高,品质优异,一直被誉为"滇南谷仓"。近些年,随着城镇化进程加快,景洪周边村寨用于水稻种植的土地面积正逐渐减少,部分地方甚至不再种植水稻。原有土地用于种植香蕉、柚子等热带水果,有的建起大棚种植"反季节"蔬菜。靠近山区的傣族村寨,水田少,林地多,林地主要用来种植橡胶。因此,割胶和到附近的种植基地打工,已成为当地傣族群众的生活常态。以稻作文化为基础的传统生活方式正向多样化形态转变。

　　由于精耕细作的工序很多,用来耕田、播种、收割的农具多种多样。当地竹木资源丰富,许多农具由竹子和木头制成。竹子制成的扁担、牛铃、箩筐等农具具有鲜明的傣族特色。木制的农具主要是一些大型的农具,如木耙、木马车、木犁等。铁制农

中国语言文化典藏

具主要由当地的傣族铁匠锻制，与汉族地区的差别不大。

景洪坝子降雨丰沛，河网密布。除澜沧江和流沙河两大水系外，还有许多沟渠和池塘。当地水里的鱼虾众多，虽然没有人以捕鱼为生，捕鱼却是男人们必备的技能，与之相应的捕鱼工具也不少，常见的有渔网、鱼篓、鱼笼、鱼筒、罾，还有捕黄鳝用的竹筒、篾箩等。

当地传统手工艺很多，如打铁、制银、制陶、制象脚鼓、裁缝、制土火箭、剪纸等。现在从事传统手工艺的主要是寨子里的老匠人，年轻人继承父辈手艺的不多。像土火箭，是由专门的手艺人制作，在傣历新年（泼水节）由专人在指定地点燃放。

在景洪傣族的传统生活中，生产、生活用品大多自产自销、自给自足，商业活动主要是农副产品的交易。

5-3◆曼迈龙

[na⁵¹hoi¹³] "山沟田"

在山沟、山谷处，地势低洼潮湿的田。土壤肥沃，背风，不易受风灾影响，但与山林紧密相连，容易受到动物的侵扰。常用来种植香蕉、西瓜等作物。

[na⁵¹] "水田"

一般设于河溪附近的平坦坝区，有田埂，夏季蓄水种植稻谷，冬季把水排干休耕或种植甘蔗、玉米等。

5-1◆勐海曼迈回

5-2◆曼迈龙

[hai³³] "山地"

在山脚、丘陵上的农业用地。有的山地没有水源，有的山地因为不平而无法蓄水成田。人们常在山地上种植菠萝、玉米、红薯等。

[pʰek³⁵ka¹³] "秧田"

育秧的田块，秧田和水田可互相变换。人们往往选择水源便利的水田作为秧田，等秧苗长成移栽到水田后，对秧田进行犁、耙等工序后，再插上秧，又变为水田。

5-4◆勐海曼迈回

[hak⁵⁵xau¹³doŋ⁵⁵]**"掰玉米"**

　　本地主要种植糯玉米,秸秆比较矮小,大部分在青玉米的时候就掰下来到集市上出售。由于气候炎热无霜,玉米常年均可种植。

[puk³⁵na⁵¹]**"插秧"**

　　将秧把儿挑到耙好的水田里栽插,秧苗之间按一定间距排列,有利于秧苗生长。插秧时,人们尽量背朝南面向北,戴上大檐帽,防止晒伤。

中国语言文化典藏

[kɔi³⁵pʰek³⁵ka¹³] **"平秧田"**

在撒种之前，先把田里的土块捣碎，开出垄沟，放上水，用铁铲将垄上的土块搅拌稀泥摊平。

[sai³⁵xi¹³fun³⁵] **"施肥"**

田地里大都只施农家肥，有的人家先施肥后播种，有的人家会等到庄稼长到一定时候才施肥。农家肥不能直接从圈里拉到田地里施用，要放在田头地角晒一段时间，等肥料充分氧化后才能施到田里。

景洪傣语 伍·农工百艺

5-9 ◆曼养囡

5-11 ◆曼嘎俭

[bit⁵⁵tʰo³⁵] "摘豆子"

本地种植多种豆类，以菜豆最常见，主要在温暖少雨的冬季种植。摘菜豆时，为了保证品质，常用剪刀剪下来。

[pʰoi³³xau¹³doŋ⁵⁵] "搓玉米"

将晒干的玉米棒子上的粒儿搓下来。从前全靠手工，现在多用脱粒机。

[lit³³ʔɔi¹³] "收甘蔗"

左手抓着甘蔗杆儿，右手拿一把锋利的小锄头对准甘蔗根部，一挖就断，不用弯腰，速度很快。随后用镰刀将甘蔗叶子修完，砍掉甘蔗尖儿，剩下的甘蔗杆儿堆起来，运去出售或加工。砍下的甘蔗尖儿留在田地边，等翻了地再扦插。

5-10 ◆勐海曼迈回

5-14 ◆曼迈龙

[xɔ⁵⁵jɛŋ³⁵] "锯齿锄"

与锄头类似而有四个齿的农具，挖地、耙地、开沟、挖渠、播种时常用。

[xɔ⁵⁵] "锄头"

铁制的头部，木制的把儿，由当地铁匠制作，多用来挖地、除草、翻土等（图5-12）。跟镰刀差不多大小的小锄头叫作 [xɔ⁵⁵ŋɔ⁵¹]，铁制部分的"锄"与"把儿头"处弯成直角，再套上一个约40厘米的木柄，多用于种菜、种花（图5-13）。

5-13 ◆曼迈龙

5-12 ◆曼迈龙

5-15 ◆曼迈龙

[tam¹¹ta⁵¹] "木耙"

木头或竹子制的耙儿。晒谷子、玉米等粮食的时候，有齿的一面用来耙匀粮食，无齿的一面用来推平或聚拢粮食。

5-16◆曼迈龙

[pʰaːk³⁵xuʔ³³xau¹³] **"刮谷板"**

收谷子时使用的一种工具。用两尺多长的木板，加上长把儿制成。多用于推平或聚拢晒在竹席上的谷子。

[mai¹¹kaːn⁵¹] **"扁担"**

常用来挑有双耳的单个箩筐。一根一米多长的竹竿抛光后，一头削出个带钩的缺口，把竹竿穿进箩筐双耳，外部的耳朵推入缺口，扛起来，另一头用手或另一个箩筐来调整平衡（图5-17）。挑水用的扁担叫作 [mai¹¹kaːn⁵¹sɔi¹³]，用大龙竹竹片削成，长约1.5米，宽约10厘米，两头各绑上一根带钩子的铁链，挑水时钩住水桶的提梁（图5-18）。

5-17◆曼迈龙

5-18◆曼迈龙

中国语言文化典藏

[duŋ¹³] "簸箕"

　　圆形，直径一米左右，是簸米去糠、晒粮食等的用具。

[xɯŋ⁵⁵] "米筛"

　　一种常见的农具，用竹篾编织而成，四周用铁条固定，眼较细小，常用来筛米、小豆子等
农作物。

景洪傣语　伍·农工百艺

131

5-26 ◆曼迈龙

[sɔŋ⁵¹jaːk³⁵jə¹³] "撮箕"

用竹篾编成的簸箕状器物，前宽后窄，有提梁，多用于撮垃圾。

[sɔŋ⁵¹] "箩筐"

用竹篾编成的容器。底部为正方形，用两块硬竹片交叉撑住，再用篾片纵横编成边长约 0.5 厘米的方孔，接近箩筐口处用细篾条紧密编织，用篾青缠绕箩筐口沿儿，两边编辫子式花纹耳朵，可在耳朵上拴长提梁。用于装运瓜果、蔬菜。大的叫作 [sɔŋ⁵¹]，小的叫作 [sa¹¹]。

5-21 ◆曼迈龙

中国语言文化典藏

5-22 ◆曼迈龙　　　　　　　　　　　　　　　　5-23 ◆曼迈龙

[buŋ⁵⁵] "箩"

　　用竹篾编织而成的器具。根据用途的不同，可分为 [buŋ⁵⁵] 米箩、[xɔŋ¹³] 针线箩、[sa¹¹xau¹³] 送饭箩和 [sɔŋ⁵¹pʰa¹¹] 刀箩。米箩常用来装大米、谷物等粮食，方底圆口，中间较大，紧密无眼，米箩沿儿上有双耳，底部和中间部分用双色篾片按特定技法编出花纹（图 5-22）。针线箩多用于摆放针线、碎布等，下半部分用宽约 0.4 厘米的双色篾片编出菱形花纹，上半部分用宽约 0.2 厘米的本色篾片做纬线与下部分延伸上来的经线编织，口沿儿用竹片夹紧并用细篾青缠绕（图 5-23）。送饭箩主要用于装食物，去赕佛时，必须用它盛供奉的物品，方底圆口，中间凸出，腰间编出一圈小手指头大小的六边形双层眼儿，如同一条腰带，口沿儿两边绑辫子式耳朵，底部有约 10 厘米高的十字木支架（图 5-24）。刀箩用于携带刀具上山或爬树，上圆下扁，上部编有一双耳朵，用绳穿过耳朵系在腰上（图 5-25）。

5-24 ◆曼迈龙　　　　　　　　　　　　　　　　5-25 ◆曼迈龙

5-27◆曼迈龙

[xwaːn⁵⁵] **"斧子"**

一种用于砍削的工具。斧头为方形钢铁，斧柄为木棍，斧刃呈弧形。用于伐木、劈柴等。

[xeu⁵¹] **"镰刀"**

由一片弯曲的刀片和木制手柄组成，弯刀内侧有锋利的小锯齿，多用于收割稻谷或割草。

5-28◆曼迈龙

5-29◆曼迈龙

[pʰa¹¹daːp³⁵] "长刀"

又长又薄的尖刀，铁制，刀刃较为锋利，配以木制的刀鞘，常用麻绳固定，佩于腰间。是旧时打仗用的主要武器。

[pʰa¹¹nep⁵⁵] "腰刀"

用水牛角做刀把，刀尖儿尖锐，刀刃异常锋利，刀身离刀口三分之一处较宽，配有精致的木刀鞘。腰刀整体较为轻便，用麻绳系于腰间。用途非常广泛，既用于宰杀动物，也用于砍柴、修树枝、砍竹子等，是上山劳作的必备工具。

5-30◆曼迈龙

5-31◆曼迈龙　　　　　　　　　　　　　　　　　　　　　　　5-32◆曼迈龙

[pʰa¹¹vət³⁵]"弯刀"

刀身弯曲厚重，刃口朝外，建房时用来砍削木料和竹子（图5-31）。更小的弯刀叫作[pʰa¹¹mai³³lau⁵⁵]，形状像镰刀，刀把儿很长，刃口朝内，用来刮木头和竹子的表面，使其光滑（图5-32）。

[tʰai⁵⁵]"犁"

翻土用的农具，犁铧和犁镜是铁制的，其余部件为木头的。使用时，由水牛拉犁前进，人扶住犁把儿，以掌握耕作的深浅和线路。

5-35◆曼迈龙

[pʰa¹¹paːt³⁵jaːŋ⁵⁵] "胶刀"

　　割橡胶用的刀。刀身与刀把儿几乎一样长，刀身为一铁槽，刀刃在正前方，呈V形，不用的时候用胶套套住。割胶时，手握刀柄，铁槽朝上，用刀槽中心的刀口对准橡胶树皮轻推，开出一个细槽，胶水沿着细槽流到胶碗里。

5-33◆曼迈龙

[lɔ¹¹ma¹¹] "马车"

　　两轮轿式马车。车轮、车厢、车辕都是木头的。车厢底部用木板铺成，两边有长座椅。座椅四角支起四根木杆，撑起一个牛皮车篷。马车曾是当地重要的载人交通工具。

5-34◆勐海曼景莱

5-39◆曼迈龙

[xɔn¹¹pe⁵⁵ŋok⁵⁵] **"打谷棍"**

给稻谷脱粒的工具。用一米多长的木棍做把儿，一头安上约30厘米长的中间粗两头细的方木制成"丁"字形的工具。水稻成熟收割回来，放到场上晒干，用打谷棍敲打脱粒。

[pʰə⁵⁵] **"耙"**

木制，碎土用具。在长约1.5米的两根方木下边装上五根尖锐木棍，上边装一个供手扶的木架，前边装上供牵引的龙竹块。耙地时，用水牛牵引，扶住木架掌握方向，使犁过的土块儿变细。

5-37◆曼迈龙

5-41 ◆曼迈龙

[pʰaːk³⁵sok³⁵] "木铲"

　　把一截木头砍凿成铲子的形状，加上一米多长的竹竿做把儿，多用于铲谷子、玉米等粮食，也可以用来铲松软的沙土。

5-42 ◆曼迈龙

[xoʔ⁵⁵tso¹¹] "戽斗"

　　竹篾编成粪箕状的斗身，用竹片做提梁，把一根一米多长的竹竿一头绑在提梁和斗身上做把儿。常用于从低处舀水灌田，捕鱼时用来将池塘或田里多余的水舀出。

5-38 ◆曼迈龙

[xɛʔ³³] "掼槽"

　　木板制成的木槽，是给稻谷脱粒的工具。使用时，地上铺大竹席，用木架支撑木槽背部成45度角，用麻绳捆住一束稻谷，使劲摔入木槽，让谷粒脱落下来。

5-40 ◆曼迈龙

[vi⁵¹xau¹³] "谷扇"

　　手柄为一截竹棍，扇面为粗布，边沿儿用篾片绷紧，再用竹条固定在竹棍上，大小是普通扇子的3—4倍。收水稻时用来扇风使谷粒与杂物分离。

[ʔɛk³⁵] "牛轭"

　　耕田时架在牛脖子上的曲木。牛轭状如"人"字形，长约50厘米，用弯曲的木头削成。使用时，将牛轭架在牛肩上，用绳子绕牛脖子半圈固定，牛轭两头拴上粗绳连接犁或耙。

5-36 ◆曼迈龙

5-44◆曼迈龙

[tsaːŋ³³mai¹¹] "木工"

　　傣语中木工和篾工称呼相同，他们是同时能制造木器和篾器的工匠，日常生活中使用的桌椅、炊具、筐、箩等竹木器具都出自木工之手。

[lə³³] "锯子"

　　木匠日常使用的重要的工具，由锯条和木架子构成，通过调节木架子上的绳索来调节锯条的松紧。用来锯木头、竹子等。普通家庭也用它来锯木柴。

5-45◆曼迈龙

5-46◆曼迈龙

[lek⁵⁵xɔt³³] **"刨子"**

用来刮平木料表面的手工工具。竹楼的主要建筑材料是木头和竹子，加工木料是男子的基本生活技能之一。

[tɛm¹³hop³³] **"壁画"**

傣族绘画最常见的是壁画。佛寺大殿、僧房的内墙上常绘有色彩艳丽的壁画，主题以佛本生经故事为主，也有民间传说的内容。绘画时先勾线，后填色，绘画的颜料是画师用矿物质调配的。

5-43◆曼乍

[ti³³jep⁵⁵xo⁵¹] "裁缝铺"

　　以前的衣服用手工纺织的土布缝制而成。寨子里擅长缝制衣服的女人如果专门代人做衣服，就成了裁缝。现在虽然有成套的傣装售卖，但许多女性还是习惯购买自己喜欢的布料，请裁缝根据自己的体形量身定制衣裙。竹楼里划出来专供裁缝劳作的地方就是裁缝铺。

[pan³⁵faːi¹³] "纺线"

　　纺车叫作 [koŋ⁵¹pan³⁵faːi¹³]，用竹子和木头制成，一头为纺线轮，另一头为木头纱锭。纺线时先将棉花搓成棉条，左手理顺棉条，右手转动纺车，棉花穿过纱锭，压实成细线，绕到纺线轮上。

5-48◆曼将

[kuŋ⁵⁵] "弹棉弓"

在一根弹性良好的竹片上拴一根麻线，麻绳上拴一个木头小手柄。弹棉花时，把麻绳放到箩筐里的棉花上，反复拉动小木柄，借助竹弓的弹力，麻线把棉花拨动得又松又软。

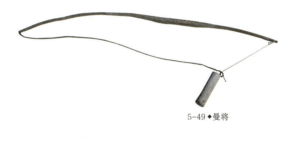

5-49◆曼将

[ʔit³⁵faːi¹³] "轧棉机"

用来分离棉花和棉籽儿的木制工具。使用时，脚踩着地上的木杆，把棉花塞到轧棉机的木轴间，转动手柄，棉花从另一边出来，棉籽儿与棉花分离。

5-50◆曼将

[ʔə³⁵ faːi¹³] "棉花箩"

用篾片编织一个带"舌头"的圆底大竹箩，再用一根长竹片箍紧箩口围住"舌头"成拱门的形状，竹片两头为两脚，两脚之间用竹条连接固定。拱门顶用另一根竹片连接，沿箩身往后弯曲，于箩尾处伸出第三只脚，三只脚共同支撑棉花箩。棉花放到竹箩里，用弹棉花的弓反复弹松软后，再拿去纺线。

5-55 ◆曼将

5-54 曼迈龙

[saʔ⁵⁵xat⁵⁵] **"筘"**

　　织布机上的一种竹制机件，形状像梳子，经线从筘齿间通过，作用是把纬线推到织口，可以控制经纱密度和织物幅宽。

[soi⁵⁵] **"梭子"**

　　木制，两头细，中间粗，织布时用来牵引纬线。

[tam³⁵huk³⁵] **"织布"**

　　织布机叫作 [ki³⁵]，是踏板提综的纺织机，分机架和机座两部分。机架是一个长方形木框，机架前方有一个经轴，后方有一个卷布轴，卷轴后方为织工坐的木板。机座下有一长一短两个连接着提综杆的踏板，织工交替踩长短踏板，经线形成三角形梭口，进行投梭送纬、竹筘打纬。织好一段布后，转动经轴放经线，转动卷布轴收布并紧经线。织布就是把棉线拿到织布机上按经纬排列编织成布匹。若要织出各种傣锦，还要事先把白线染成不同的颜色，按预定的图案进行排列编织，工序复杂。

5-53 ◆曼将

[koŋ⁵¹xɔ⁵¹lɔ³³] **"绕线机"**

相当于两个纺车组合在一起用来绕线的工具。将纺车纺好的线套在一个纺线轮上，另一个纺线轮根据需要进行改装，转动改装好的纺线轮将棉线绕成所需的大小不同的线团，也可以用来绕毛线。

[tʰak⁵⁵dɔŋ³⁵loŋ⁵¹laːi⁵¹] **"刺绣"**

用绣针牵引彩线，将设计好的大象、孔雀、鸡蛋花等花纹绣在布上，以彩线构成花纹图案。

景洪傣语 ｜ 伍·农工百艺

5-57 ◆曼迈龙

[tɛt⁵⁵hop³³] "剪纸"

多用白纸剪成各种图案，一般老年人都会剪人像、花草、花边等图案用于祭祀活动。手艺高超的艺人可剪出复杂精美的图案，用于装饰。最常见的是 [tuŋ⁵¹pʰi⁵⁵pʰet³⁵] "人像剪纸"，过泼水节的时候，每户人家都要剪人像剪纸挂到"沙塔"_{泼水时在佛寺里用沙子临时堆的塔}上的竹子上，祈求平安健康。家里有几口人，就悬挂几个。

[kaːŋ¹¹xau¹³num⁵¹] "米线机"

架起一根与地面平行的方木柱,高约1.5米，木柱长约3米。木柱一头设一小梯子，另一头楔入一根方木，方木与木柱成90度。方木上钻孔，套上一根可活动的横木。木柱上靠方木一边，在适当的位置画一个直径约15厘米的圆圈，圆圈里钻若干米线粗细的小孔儿。在木柱钻孔处加一段约60厘米长的木头，木头上钻一个跟木柱上圆圈一样大的孔，让二者连通。做米线的时候，把蒸熟的米粉放到架子中间的木孔里，在米粉上放一个木槌。从小梯子爬上去，握住横杆压木槌，米粉随之变成米线从小孔缓缓流出。

[kaːŋ¹¹ʔit³⁵ʔɔi¹³] "榨蔗机"

把结实的木头埋入地下，做一个井字形正方体大木架，木架中并排竖立三根能运转的木柱，高约 2 米，木柱上装有木头齿轮，中间一根木柱的顶端伸出木架并与一根横木连接。用牛拉动横木，中柱通过木头齿轮带动两边的木柱，将甘蔗塞入木柱间的缝隙，就会榨出甘蔗汁来。

5-60◆勐海勐景莱

[tʰeŋ⁵⁵pan¹³mɔ¹³] "陶坊"

通常建在离家不远的地方，为四面坡的单层简易建筑，屋顶用瓦片铺设，四周无墙，通透凉爽，陶匠在此制作和陈列陶器。陶坊里存放着各种制陶工具。

[xəŋ³³mɔ¹³] "陶器"

常见的陶器有陶锅、陶罐、陶盆、陶钵等。制作环节包括舂陶土、制陶坯、晒陶、烤陶、烧陶等工序。

5-61◆曼乱嘎

5-62◆曼乱嘎

[tam⁵⁵din⁵⁵da:k³⁵]"舂陶土"

　　烧制陶器用的陶土为细腻的黑黏土加上十分之一的细沙，陶土先放在垫子上或陶臼里用木杵舂细，再洒水，不断地舂成胶状，以提高可塑性。陶臼叫 [xok³³]，有石制的，有木制的，还有用水泥浇铸的。舂陶泥的木杵叫 [kɛn⁵⁵tam⁵⁵din⁵⁵]，用一根一米多长的粗木棒制成，与陶臼配合使用。

[tak⁵⁵dɛt³⁵]"晒陶"

　　制好的陶坯，放在木架上，让阳光晒干。受陶坯的厚薄、大小及天气等因素的影响，晒陶的时间长短不一，短的 5—6 天，长的 20 余天。

5-64◆曼林秀

[pan¹³mɔ¹³] **"制模"**

    制作陶坯时，把舂好的陶泥放在木轮上慢慢转动，制成所需的模型，这个过程称为慢轮制陶。傣陶的制作工艺称为"泥条盘筑法"，先将一团陶泥放到"木轮"上拍打成饼状作为器底，并把周边向上卷起，再把陶泥捏成条，沿器底边缘慢慢往上垒泥条，边垒边转动木轮，同时用手和光面陶拍里外拍打，使模型变平滑，制成粗坯。粗坯晾至半干，再放到木轮上用石球衬垫内壁，用光面陶拍通体拍打一遍，接着用花纹陶拍拍打陶坯外面，将纹路印在陶坯上。

[hum⁵¹mɔ¹³] **"烤陶"**

    晒干后的陶器，在烧制之前还要用明火烘烤一遍，使其进一步干燥。用木头和竹子架一个一米多高的"烤架"，把陶坯放在上面，下面用柴火慢慢烘烤，边烤边查看陶坯的干燥程度，把握火候。

景洪傣语　伍·农工百艺

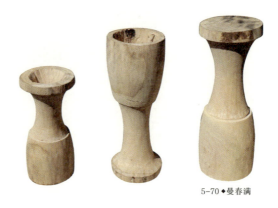

5-70◆曼春满

[taːk³⁵mai¹¹] **"晒木"**

将制象脚鼓的木坯放在太阳底下暴晒，让水分充分蒸发。

[kum⁵⁵mɔ¹³] **"烧陶"**

陶器直接在平地上用柴草烧制，不用窑烧。先铺一层长约 5 米、厚约 20 厘米的稻草和干树枝，把烘烤好的陶坯口对口平行放置在上面，用厚约 30 厘米的稻草覆盖，再用淤泥密封，两侧淤泥底部扒开两个小洞，点燃里面的稻草，让柴草缓慢燃烧。陶工一般在傍晚点火，第二天早上扒开草灰取出陶器。

5-66◆曼乱嘎

中国语言文化典藏

5-68◆曼林秀

5-67◆曼乱嘎

[vi⁵⁵] "陶刀"

用竹子制的刀片状制陶工具。制模时用来修理陶坯的细微之处，添加或去除陶泥，完善陶坯。

[pʰa¹¹mai¹¹] "陶拍"

制陶工具，分为两种：一种叫 [daːm¹³] "光面陶拍"，用木头制成的拍子，长约30厘米，制坯时用来拍打陶泥使陶坯坚硬平滑；另一种叫 [pʰa¹¹mai¹¹] "雕花陶拍"，由圆形木柄加方头制成，木方头上雕刻有各种花纹，常见的有横纹、篮纹、波浪纹，用来拍打陶坯，印上花纹（图5-67）。

[toŋ¹³kɔŋ⁵⁵] "做象脚鼓"

以杧果树木头为材料，凿空，晒干，制成鼓坯，表面雕花、上漆，装饰好后再绷上黄牛皮的鼓面。

5-69◆曼春满

153

[tɔŋ¹³dɔk³⁵] "雕花"

鼓坯晒干后，用刻刀在鼓脚上雕出各种花纹和图案，再漆上不同的颜色。

[na¹³kɔŋ⁵⁵] "鼓面"

用黄牛皮绷成，四周连接着牛皮线，调节牛皮线可控制鼓面的松紧。击鼓的时候，鼓面中心常粘一团糯米饭，让声音变得浑厚悠远。

[tsup³³pʰa¹¹] "淬火"

将敲打成型的铁器加热后取出快速放入水中冷却，以增加铁器的硬度。铁匠在淬火用的水里加一点秘制的矿物质，有利于提高刀刃的硬度。

[hən⁵¹tau⁵⁵lek⁵⁵] **"铁匠铺"**

　　铁匠打制铁器的地方。用四根木柱搭一个简易的棚子，棚子里有打铁的各种用具。铁匠铺通常建在寨子边上的大路边，打铁的声音不至于影响别人，来买铁器的人也易容找到。现在当地使用的特殊用具依然由铁匠打造，如柴刀、尖刀、锯齿锄等。

[ti⁵⁵lek⁵⁵] **"打铁"**

　　用铁钳将烧红的铁块夹紧放到铁砧上，用铁锤反复敲打使之成型。

景洪傣语　　伍·农工百艺

5-78 ◆曼乍

5-77 ◆曼乍

[lim¹³toŋ³⁵sip⁵⁵soŋ⁵⁵laːi⁵¹si⁵⁵] **"雕花工具"**

制作银器时用来雕刻花纹的工具，包括各种带有花纹的刻刀、钻头、小铁凿等，用它们在银器上雕刻精美花纹和动植物图案。

[haːŋ⁵⁵ka⁵⁵] **"小铁砧"**

制作银器的工具。形状如一只小鸟，将小铁砧插在木头或地上固定，在上面打制各种曲面器形，如戒指、碗、首饰盒等。

[tsaːŋ³³ŋɯn⁵¹tsaːŋ³³xam⁵¹] **"银匠"**

打造金器、银器的能工巧匠，常制作银腰带、银手镯、头饰、耳环、碗筷等人们喜爱的器物。打造银器时先锻铸，再敲打成需要的造型，还要雕刻上各种花纹。

5-76 ◆曼乍

[pʰau⁵⁵baŋ¹³] "烤竹筒"

选取制作土火箭专用的竹子，截下一节长约60厘米的竹筒，一头保留竹节做底，放到铁架上用火烤干。把烤干的竹筒用藤或麻绳一圈一圈紧紧地捆绑起来，填充土火药的时候才不会裂开。

[peŋ⁵⁵baŋ¹³fai⁵¹] "做土火箭"

"土火箭"的功能相当于过年的鞭炮，泼水节的时候，家家户户都要购买土火箭到寨子里专门的架子上去燃放。"土火箭"由寨子里的手艺人用竹子和土火药手工制作。其制作工序包括烤竹筒、配火药、绑竹哨、做引线等。

[soʔ⁵⁵ke⁵⁵] "制火药"

把木炭、硝、硫黄按一定比例混合，洒点水，然后放到木臼里春制成土火药。把土火药塞进绑好的竹筒里，用两根木杵一上一下夯实。每次放的土火药不宜多，压实后再添加，反复多次。

[saːn³⁵hu⁵¹fai⁵¹] "钻孔"

用尖锐的铁棍在压实的土火药中间钻通一个孔，用于塞入引线。碗中倒入土火药，加适量白酒调成糊状，涂到棉纸条上，再把棉纸条裹到一根细篾片上，做成引线。引线晒干后，塞进大竹筒中事先钻好的孔里，土火箭的主体就做好了。

[xaːt³³baŋ¹³fai⁵¹] "绑土火箭"

把装满土火药的大竹筒及做竹哨用的小竹筒紧紧绑在一根 4 米多长的竹竿上，大竹筒居中，竹竿和小竹筒在竹竿四周围成一个圈儿。

[pɛŋ⁵⁵xui³⁵kɛu¹³] "做竹哨"

土火箭的主体是填满土火药的大竹筒，大竹筒周围要绑上一圈小竹筒哨，使土火箭飞升时发出响声。飞得高，哨声响，是衡量土火箭质量的两大标准。小竹筒的大小长短切口都有讲究，是手艺人的秘技。

景洪傣语　伍·农工百艺

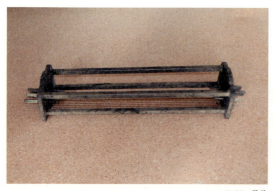

5-90◆曼将

5-87◆曼将

[kuŋ⁵⁵tʰɛp⁵⁵laːn⁵¹] "墨斗"

　　穿好孔的贝叶，用墨斗画上直线。墨斗用于画线一边的两根木条的长度、间距与标准贝叶的一致，木条之间有五根间距一致的平行墨斗线，线上涂上墨汁，往铺平的贝叶上一按即可。

[xot⁵⁵laːn⁵¹] "贝叶卷儿"

　　把贝多罗树的叶子砍下来，去掉叶筋，放到锅里与草药混合在一起煮软，捞出晒干，再一叶一叶地卷起来保存，以备制作贝叶经时用。

[ʔit³⁵laːn⁵¹] "压经机"

5-92◆曼将

　　"压经机"为两块厚方木，方木两头有起固定作用的螺杆。把刻好的贝叶经放到方木中间，拧紧两端螺杆上的螺丝，让叶片纹丝不动。用刀把叶片侧面削平，再用砂纸抛光。叶片中间漆红漆，两头漆金粉，漆好后晒两天，取出贝叶经，用麻线从事先留出的孔儿上穿过扎紧，贝叶经制作完成。

中国语言文化典藏

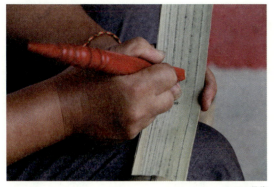

5-91◆曼将

5-89◆曼将

[xen⁵⁵tem¹³tʰam⁵¹la:n⁵¹] **"刻经"**

用专用的铁笔在贝叶上顺着事先画好的墨线刻写,刻好的叶片用棉布蘸墨擦拭,让墨汁填满凹槽,再用米糠擦净多余的墨迹,经文清楚地显示出来。墨汁用当地土法制作,取锅底灰研细,加桐油调制成糊状即成。

[kap⁵⁵pa:t³⁵la:n⁵¹] **"木尺"**

由两块木板构成,底下一块木板长约55厘米,宽约5厘米,木板上有两根竹签,间距约为16厘米。另一块木板长约50厘米,宽约5厘米,上面有两个孔,孔的大小和间距与竹签对应。把若干片贝叶穿在竹签上,再用有孔木板压实,以有孔木板为标准对贝叶进行修剪,使之成为标准的尺寸。贝叶上的孔用来拴装订线。

5-86◆曼将

[lek⁵⁵tsa:n⁵⁵] **"铁笔"**

用来刻写贝叶经的笔。选一根长约20厘米的木棍,抛光,把一头削尖,植入特制的铁针。笔杆雕成宝塔形,有的还上色装饰。

5-88◆曼将

[kap⁵⁵xau¹³la:n⁵¹] **"夹板"**

两片长约50厘米,宽约5厘米的木板,用来把贝叶卷儿压平。

[tʰam⁵¹lan⁵¹] **"贝叶经"**

用"铁笔"在贝多罗树叶上刻写的佛经,内容十分丰富,有戒律、传说、故事、诗歌等,主要在佛寺中流传。贝叶长约50厘米,宽约5厘米,每页刻写经文5—7行。

5-85◆曼迈龙

161

5-95 ◆勐罕镇

[xau¹³kaːt³⁵] "赶街"

　　"街"集市主要是早市，买卖大都在上午 8—12 时之间完成，交易的货物以农副产品为主。
街没有固定的日期，赶街的女性通常会穿上漂亮的傣装。

162

[seŋ^{35}xo^{51}] "小卖铺"

以出售米、面、油及孩子们喜欢的冷饮、玩具、小食品等为主的小商店。常开在寨子里交通便利、人员聚集的地方。

[kaːt^{35}li^{51}] "菜市场"

以前的菜市场就在集市的路边或空地上，主要交易当地出产的瓜果蔬菜和鸡鸭鹅鱼，买卖的主体大都是附近寨子里的人。

景洪傣语　伍·农工百艺

5-97 ◆勐海勐景莱

5-98 ◆勐海勐景莱

[tsaŋ³³mai¹¹] **"木秤"**

用来称量物体重量的器具。秤杆用木棍制成，上面有秤星。木柄上系麻绳楔入秤杆作为秤纽。秤盘子用篾片编成，加一个十字木头做底儿。称量精度较低。

[bɔk⁵⁵pʰɔŋ⁵⁵lau¹³] **"酒提"**

用竹筒按照酒的斤两制成大小不等的一套量酒器，以一两酒提最常见，也有二两提和五两提。用来从酒坛中打酒。

[xaːi⁵⁵xo⁵¹tai⁵¹] **"卖傣货"**

"赶街"或"赶摆"一种民间的庆祝活动时，商贩们常常出售傣锦、服饰、陶器等货物，泼水粑粑、糯米饼等具有傣族特色的小食品尤其受人欢迎。

5-96 ◆勐罕镇

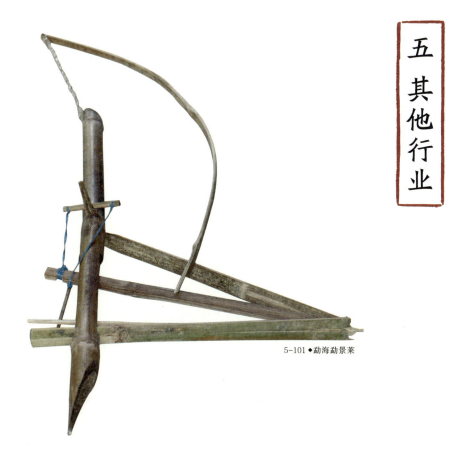

5-101 ◆勐海勐景莱

[ka⁵¹] "夹鸟器"

　　从前的捕鸟用具，主体为一截一头尖锐的竹棍，竹棍上装有机关。使用的时候，把尖锐的一头插在地上，机关上放上诱饵，鸟雀来食诱饵，触动机关就会被夹住脖子。现已无人使用。

5-99 ◆勐海勐景莱

[ka:ŋ³⁵] "弩"

　　从前打猎用的一种器具。用竹子制成，主要由弩臂、弩弓、弓弦和弩机等部分组成，利用机械力量将箭射出。现已无人使用。

5-100 ◆曼迈龙

[heu¹¹] "捕鸟器"

　　从前的捕鸟器具。主体为一截竹棍，上面装有机关。把竹筒插到树枝上固定，将诱饵放到连接机关的小木棍上，鸟雀来啄食，触发机关，就会被夹住。现已无人使用。

5-102◆曼迈龙

[xoŋ⁵⁵nok³³pit³⁵] **"捕雀笼"**

从前的捕鸟用具，笼子口呈喇叭形，进去的方向是平顺的，出来却有许多倒着的尖利竹签。诱饵放在笼子里，鸟雀能进得去但出不来。现已无人使用。

[lɛŋ¹¹ho⁵¹lɛŋ¹¹xwaːi⁵¹] **"养牛"**

主要以家庭散养为主，饲养水牛，也饲养黄牛。以前养牛主要是用来耕田犁地，现在主要是为了获取牛肉。

5-104◆曼迈龙

5-103 ◆曼将

[xoŋ⁵⁵nok³³] "鸟笼"

从前的养鸟用具，当地工匠用竹篾手工编成，主要由笼身、笼底、提手组成，笼内有食罐、水罐、晒杆。以前人们打猎捉到喜欢的雏鸟就养在鸟笼里观赏玩耍。现已无人使用。

[bet⁵⁵ho⁵¹] "拴牛桩"

在地上插一根带叉的木桩，将一根长竹竿大头绑上重物，在靠近重物一米左右的地方把竹竿套在木叉上，让竹竿能够上下活动又不至于脱落，竹竿小头系上拴牛绳。由于杠杆原理，牛走近或走远，拴牛绳始终保持在高处，不会缠住牛脚。

5-105 ◆勐海曼迈回

167

5-107 ◆曼将

5-108 ◆曼将

[soŋ⁵¹sup⁵⁵ho⁵¹] "牛嘴套"

　　篾片编制而成的圆形套儿。用来套住牛的嘴，使其在劳作时不能偷吃身边的庄稼。

[pʰaːŋ⁵¹laːŋ⁵¹] "驮铃"

　　牛鞍子上的铃铛，声音浑厚悠扬，放在牛队中脚步最平稳的黄牛背上，其有节奏的声音能起到协调队伍脚步的作用。也可置于马鞍子上。

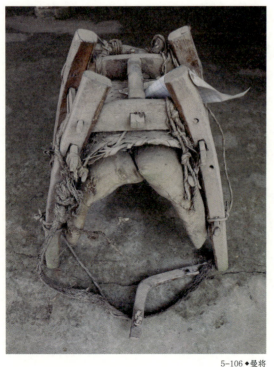

5-106 ◆曼将

[taːŋ³⁵ho⁵¹] "牛驮子"

　　用黄牛驮东西时放在牛背上的鞍子。旧时的牛队和马队是当地主要的长途运输工具，傣族善于经商，他们把景洪的大米和茶叶驮到普洱出售，驮回盐巴等生活用品。

[lek⁵⁵ho⁵¹]"牛铃"

竹筒做的铃铛。取一节短竹筒，两头保留竹节，做两只耳朵，将竹筒一侧剖开，用麻线在竹筒中间悬挂两根木棍，用布条系紧耳朵，挂于牛脖子上，当牛走动时，木棍撞击竹筒发出声音。

[nɔŋ⁵⁵]"鱼塘"

用来养鱼的池塘。本地水资源丰富，河网密布，养鱼是其主要的副业。竹楼旁边、寨子周围，常见许多鱼塘，主要养殖罗非鱼、草鱼和鲤鱼。大型的鱼塘还有祭祀鱼神的习俗。

景洪傣语｜伍·农工百艺

5-111◆曼迈龙

[sɔn¹³pa⁵⁵] "捞鱼"

用双层竹片弯成三角形，竹片间夹一个棉麻或尼龙网兜制成 [hiŋ⁵⁵] "三角网"（图 5-111）。捞鱼时，握住网口慢慢向鱼群靠近，瞅准时机迅速向鱼群猛撮提起，来不及逃窜的鱼就落到网兜里。

5-112◆曼迈龙

[tsɛm⁵⁵]"罾"

　　用来捕鱼的方形渔网。用两根竹竿交叉,四端连接渔网,外有一根手持竹竿,将鱼食置于网中,渔网放置鱼塘内,鱼进网后迅速将网拉出水面。

[mɔŋ⁵¹]"渔网"

　　用于河中捕鱼的网。传统的渔网用麻丝织成,用猪血染黑,四周附上铁或铅的网坠子。现在都用尼龙渔网。以前每个成年男子都有几张渔网,傍晚去河中洗澡的时候,常带着渔网去捕鱼。

5-115 ◆曼迈龙

[moŋ⁵⁵] **"鱼篓"**

　　捕鱼时装鱼用的器具。用竹篾编成的口圆体方的篓子，鱼篓脖子里有篾片倒须，将鱼虾装入能防止其跳出。鱼篓肩上有一双耳朵，用绳子穿了系在腰上。

5-117 ◆曼迈龙

[sum³⁵] **"捕鱼箩"**

　　用竹条和篾片编织而成，口大底儿小，开口呈三角形，编织细密，箩身和箩底儿呈圆锥形，编得稀疏。多用于沟渠或水田捕鱼。

5-116 ◆曼迈龙

[sɔn¹³] **"捕鱼筒"**

　　用竹条编织而成，细长，口大，底端封闭。放置于小河中，利用水流进行捕鱼。

5-118 ◆曼迈龙

[xɔ⁵⁵lɔ³³] **"捕鱼笼"**

　　主要用于田间或池塘捕捞较大的鱼，看到鱼后，快速罩住，再从侧面小口中取鱼。

5-119 ◆曼迈龙

[sai⁵¹lɛn⁵¹] **"捕鳝筒"**

　　一根长约一米、直径约1.5厘米的竹筒，一头保留竹节做底，并在竹筒上剖开一条长约10厘米的缝儿通风，另一头中空。用细篾片编一个长约3厘米的喇叭形机关，机关一头光滑，一头有篾片倒须，其直径刚好能塞进竹筒。捕黄鳝的时候，将饵料放进竹筒，再把机关塞进竹筒中空的一头，放在黄鳝经常经过的田埂边，做好伪装，钻进去吃饵料的黄鳝就出不来。

[tum¹³sai³⁵jen³⁵] **"捕鳝篓"**

用篾片编织一个有盖器具，形状如鸟窝，入口处装一个用细篾片编织的外头整齐光滑、里头有倒须的机关，捕鳝篓里放上诱饵，置于田间黄鳝出没的地方。黄鳝进去吃诱饵就会被困住。

[hoŋ⁵¹hə³⁵lau¹³] **"酒坊"**

酿酒的地方，一般就设在竹楼旁边，里面存放着酿酒的各种工具，也用来存放酿出来的酒和酿酒的粮食。

5-125◆曼迈龙

[mɔ¹³sɛŋ¹³] **"冷却盖"**

　　形状如一个尖底的大铝盆，蒸酒时，底朝下置于酒甑上，盖中放上冷水，含有酒精的水蒸气在冷却盖底部凝结，汇聚到尖底，流入漏斗。

[hai⁵⁵lau¹³] **"酒甑"**

　　用木头制成大甑子，用来蒸熟酿酒的粮食，也用来蒸馏出酒。形状比一般的甑子大数倍，上方有一个孔儿，用来插出酒的管子。

5-123◆曼迈龙

中国语言文化典藏

[hə³⁵lau¹³] "酿酒"

　　利用发酵技术将玉米、大米等粮食生产成一定浓度的酒精饮料。土法酿酒程序包括蒸粮、冷却发酵、蒸馏等环节。

[tsi⁵¹pɛ¹¹] "漏斗"

　　漏斗主体为一个铁盘，盘底接一根拇指粗细的铁管，铁盘边上有三个小孔系着三根麻线，麻线另一端拴有三个木头坠子。蒸酒的时候，把发酵好的粮食放到酒甑中，漏斗置于中间，铁管从酒甑上的小孔伸出，拉紧木头坠子，漏斗悬空于甑中。盖上"冷却盖"，加热酒甑，含有酒精的水蒸气升腾起来，遇到冷却盖凝结成酒，滴入漏斗，导出酒甑。

景洪傣语 ｜ 伍·农工百艺

5-128◆曼迈龙

[pɛŋ¹³lau¹³] **"酒曲"**

酿酒用的曲霉菌丝。酒曲由植物制成，包括三种主要植物和十几种草药。三种植物分别是 [pit³³piu⁵¹] "虎杖"、[sa⁵⁵kaːn³³] "野胡椒藤"、[xəːˀ⁵¹taːŋ¹³] "银丝杜仲"，将三者晒干粉碎后，按一定比例混合，加米粉制成饼状，就是可以长出菌丝的酒曲了。其余的草药是各个酿酒师傅的秘方，配方不同，酒的味道就不同。制作酒曲的植物在当地的山上都能找到。

5-130◆曼迈龙

[taːmˀ¹¹din⁵⁵] **"酒坛"**

用来装酒的陶器坛子，大肚，喇叭口。

[sa³⁵lau¹³] **"酒糟"**

酒糟是粮食酿酒后剩余的残渣。晒干后可作为牲畜、家禽、鱼等的饲料。

5-127◆曼迈龙

中国语言文化典藏

5-126◆曼迈龙

5-129◆曼迈龙

[tsaːn³³ʔɛu¹³] "密封圈"

放在酒甑和冷却盖之间起密封作用的器具。将白棉布缝成袋子，里面装糯米糠制成，有利于保证酒味和纯度。

[leŋ⁵¹lau¹³] "酒度计"

用来测量酒精度数的仪器。一头细如温度计，上面有数值对应着相应的酒精度，另一头是一个锥形的手柄，内有重物。把它插入酒中，酒的液面对应的刻度就是酒的度数。

[tʰaːm¹¹lau¹³] "酒瓮"

酒坊里用来储酒的器具，陶制。酿出的酒放到酒瓮中密封存放，时间越久，酒味越浓。爱喝酒的人家也会用酒瓮藏酒。

5-131◆曼迈龙

5-133◆勐海曼迈回

[xo¹³la¹¹] "炒茶"

炒茶的锅叫作 [mɔ¹³xo¹³la¹¹]，用混凝土做一个灶，灶上架一口大铁锅，铁锅与地面成约 45° 角。在灶高的一头添柴火，灶低的一头站人翻炒茶叶。采回来的新茶当天要加工完成，不能隔夜，炒茶为第一道工序。当地炒茶大多从黄昏时分开始一直持续到夜晚 10 点多，因为此时天气越来越凉爽。新叶倒入锅中，炒茶师傅根据锅里的温度不断地翻炒，直到茶叶里的水分蒸发殆尽再出锅，其火候由炒茶师傅依据经验判断。

[bit⁵⁵la¹¹] "采茶"

当地人在山地里种植茶树，形成规模较大的茶山。每当山地里的茶树长出嫩芽，就要上山采茶。采茶通常以家庭为单位，也有请亲戚朋友来帮忙的。由于中午炎热，当地采茶通常在上午 11 点前或下午 3 点后进行。

5-132◆勐海曼迈回

中国语言文化典藏

[ta:k³⁵la¹¹] "晒茶"

把揉好的茶叶放到大竹席上摊开,晴天放到阳光下晒,阴天摆在竹楼里晾,晾的时候要经常翻动使茶叶里面的水分尽快全部蒸发干净。晒干的茶叶收起存放或出售。

[not³³la¹¹] "揉茶"

刚炒出来的茶叶表面和内部干湿不均,要放到小竹席上进行揉搓,使其内外干湿均匀。揉茶时,揉搓3—5次后抖蓬松,再揉搓,反复多次,揉到所有茶叶的颜色和干湿度一致时即可。

景洪傣语 伍·农工百艺

陆·日常活动

　　傣族寨子里百姓的日常生活平静而祥和。大人们白天劳作，傍晚回家烧火做饭。在家的老人，太阳落山后就聚在某家的大门口闲话家常，孩子们在寨子里窜来窜去，玩捉迷藏或跳皮筋等游戏。由于汉语水平有限，现代的电视对老年人的影响很小，对孩子们影响较大，现在的孩子已经很少自制玩具了，几乎所有玩具都从集市上购买。

　　景洪的傣族传统上全民信仰南传上座部佛教。佛寺随处可见，大的寨子独自供养一座佛寺，小的寨子联合起来供养一座佛寺。佛寺一般建在寨子边上，是周围比较显眼的建筑。在佛教传入之前傣族信仰原始宗教，傣族的现代生活中，还有许多源于原始宗教的遗留，如寨神、寨心的信仰。因此，在平时的生活中，除了佛教的各种节日要赕之外，村寨里每年都要赕寨神和寨心。每逢有赕的时候，亲戚朋友就会聚在一起布施、摆宴席，有时还唱歌、跳舞，像过节一样地过赕。

　　傣族的日常生活中还有一项重要的活动就是"赶摆"。人们都说傣族爱花、爱美、

爱赶摆。赶摆是一种不定期举行的聚会活动，遇到重大喜事或节庆的时候都会举行。比如泼水节和"赕塔"节的时候要赶摆，新佛寺落成也有举行赶摆活动。赶摆的时候，男女老幼都盛装前来，在赶摆场上看歌舞表演，吃传统美食，有的还进行斗鸡，供人们观赏娱乐。

傣族是能歌善舞的民族。传统的嘎光舞、孔雀舞、象脚鼓舞每个人都会跳。傣族的歌手叫"章哈"，很受人们欢迎，每逢贺新房，都少不了"章哈"的演唱。当大鼓、小鼓、象脚鼓、排铓、铓锣一起敲响的时候，人们就会翩翩起舞；当葫芦丝、椰壳琴、傣笛响起的时候，人们就会轻声歌唱。

随着社会的发展、文化的交融，一些传统的生活习惯、民俗文化形式也发生着变化。在各种节庆活动中，除了传统的歌舞表演以外，还会邀请本地少数民族乐队一起来助兴，增加一些现代的元素。

景洪傣语　陆·日常活动

一起居

[kin⁵⁵nam¹¹la¹¹] **"喝茶"**

本地盛产茶叶，喝茶以绿茶为主。朋友来访常聚在一起喝茶，边喝茶边吃瓜子、饼干、香蕉等。

[kin⁵⁵xau¹³] **"吃饭"**

吃饭时先让老人上座动筷，旧时女人不上桌。筷子的摆放要比落座人数多一双，意为祖先神与家人共享饭菜。

[kin⁵⁵lau¹³] **"喝酒"**

  远方的朋友来访，主人要斟酒相敬，客人喝第一杯酒前要先在桌子的边角处滴上几滴，以感谢主人的盛情，感谢祖先神灵的保佑。主客对饮过后，同桌擅长唱歌的人常常会吟诵《祝酒歌》劝酒助兴。

[tɔn¹³lau¹³] **"敬酒"**

  如果是晚辈向长辈敬酒，酒杯要端得比长辈低，需一手拿杯子一手扶杯底。敬酒时一次只能敬一个人。平时喝酒主人通常先喝一杯，然后依次向同桌的客人敬酒，主人敬完一圈后，剩下的人也可以依次轮番敬酒。

景洪傣语　陆·日常活动

6-6◆曼迈龙

[dut³⁵baŋ¹³ja⁵⁵so¹¹lot³³] "吸烟筒"

　　取一段长约 1 米、直径约 20 厘米的大龙竹竹筒，一头保留竹节做底，另一头掏空，在中下部约 30 厘米高的地方凿孔，斜插一根约 10 厘米长的小竹管，管口包上铜皮或铁皮，制成烟筒。使用时，大竹筒内装上适量的清水，水面低于小竹管口，把烟丝或香烟放在管口上点燃，把嘴伸入大竹筒口用力吸 3—5 秒松开，烟雾从竹筒口喷出，反复多次，直至小竹管口上的烟燃尽为止。旧时男人喜欢吸烟筒，他们认为竹筒里的水具有过滤有害物质的作用。

[ho⁵⁵mu³⁵xau¹³] "上座"

　　正式宴席要让僧侣、长辈或身份重要的人坐在尊贵的位置，一般以面朝大门的座位为尊。逢年过节家庭吃团圆饭时也要让长辈坐在尊贵的位置。

6-5◆曼迈龙

[su³⁵kan⁵⁵] "聊天"

寨子里会自然形成一处人们喜欢聚集的地方，有的是某户人家的大门前，有的是某个巷子口，有的是某块空地上。太阳落山，人们就聚到这里，聊些家长里短的事情。一般多为老年女性，有的会带点小食品来分享，有的会带针线活来做。

[kau¹³pʰum⁵⁵ta³³tsaːi¹¹] "梳髻"

女性头发一般留得很长，常常将头发在头顶或左边盘一个发髻。发髻形状多样，上面可插发簪或鲜花装饰，有的也会包一块小花布。

[vi⁵⁵ho⁵⁵] "梳头"

常用牛角梳。以前女人都留长发，早起把头梳好后才能出门。头发梳得好在当地是一个女人干净勤快的标志之一。

6-11◆勐海曼迈回

[ʔɔm³⁵fai⁵¹] "烤火"

冬季来临，傣族地区昼夜温差变大，夜间气温低，人们经常生火取暖。早晨和夜晚，寨子的路边常有人围着火盆烤火聊天，有时还会在火盆里烧东西吃。

[kaːŋ⁵⁵xoŋ³⁵] "小广场"

每个寨子中间都有一块公共活动的场地，旧时常用作年轻人谈情说爱的地方，现今大多改建为篮球场等休闲娱乐的场所。

6-10◆曼迈龙

中国语言文化典藏

6-12◆曼迈龙

[xi³⁵tum¹¹tsa⁵¹] "秋千"

  干栏式建筑的下层是荡秋千的好地方。一块50厘米长的龙竹片两头钻孔，穿入粗麻绳打结固定，绳子的另一头拴到楼板下的横梁上，调整好高度，秋千就做成了。荡秋千是孩子们非常喜欢的活动，谁家有秋千，周围的孩子都来一起玩。以前泼水节的时候，寨子中会拴大秋千供大家玩耍。

6-13 ◆曼迈囡

[tɔ³⁵kai³⁵] "斗鸡"

男人非常喜爱的娱乐活动,女人不参加。所用的斗鸡是一种特殊的品种,无冠、腿长、好斗。逢节假日都有斗鸡比赛,劳作之余也有人相邀斗鸡。斗鸡有专门的场地,一般由寨子边上喜好此活动的人家开设。在比赛之前,要先称一下鸡的体重,相同级别的才会放到一起斗。围观的人可选择自己支持的鸡,为其呐喊助威。斗鸡共 8 个回合,每个回合 20 分钟,各回合之间休息 5 分钟,给鸡洗头、擦身、喂食。比赛期间,若一方斗败则比赛结束;若斗满 8 个回合仍不分胜负,则为平局。

6-14 ◆曼迈龙

[kɔŋ¹³tɔp⁵⁵] "竹筒枪"

用一根手指粗细的小竹筒和一根能穿过小竹筒的竹条制成的儿童玩具,竹条一头套一截竹筒手柄,让竹条的长度略短于竹筒。玩的时候,用浸湿的碎纸、碎叶子、小豆子或小果子做子弹,先往竹筒里塞进一颗子弹,用竹条将其顶到另一端,相当于上膛,然后再放进另一颗子弹,将竹条头对准子弹,握住手柄向前猛推,上膛的小子弹在空气的压力下飞出去,发出"嘣"的一声脆响,后塞进去的小子弹也成功推上膛,等待下一次发射。

6-15 ◆曼迈龙

[naːt³³mai¹¹nɔi¹¹] "小竹枪"

　　儿童玩具。取一节约 30 厘米长的竹筒做枪管，上面开两个口儿，一个口儿长约 3 厘米，一个口儿长约 0.5 厘米，在两口儿之间靠近长口儿一边安一个竹片扳机。取一根篾片，一头插入短口儿，另一头插入长口儿，把长口一头的篾片弯过来卡在扳机上，相当于弹簧。把小石子放到弹簧前面的枪管中当子弹，扣动扳机发射。

6-16 ◆曼迈龙

[naːt³³kaːn¹³koi¹³] "芭蕉枪"

　　用芭蕉杆制成的具有步枪造型的玩具。选一根较直的芭蕉杆，用刀在一边按适当距离削开若干杆皮，让杆皮直立，一只手托起芭蕉杆，另一只手从杆皮背面沿杆向前猛烈滑动，直立的杆皮迅速倒下，发出"叭叭叭"的响声，如子弹出膛一般。再扶起杆皮，反复玩耍。

[nok³³fit³⁵] "竹哨子"

　　发音原理与哨子大同小异。小竹筒一头塞入约 1 厘米长的半圆小木块，中空的一侧开半月形小口，另一头装一个木块活塞，从塞半圆木块一面吹气，抽插活塞，发出委婉的哨声，如鸟鸣。

[pi³⁵ku³³] "对笛"

　　分一大一小两支，大的由两节苦竹制成，用于主奏或独奏，声音悠扬，有共鸣，一般在小伙子向姑娘示爱时吹奏。小的声音柔和甜美，常用于给女"章哈"歌手伴奏。

6-17 ◆曼迈龙

6-18 ◆曼迈龙

[tiŋ³⁵] "椰壳琴"

琴筒为椰子壳，琴面用笋叶蒙制，只有两根琴弦，通过琴弓摩擦琴弦发音，音量不大，音域在6—8度之间。是小伙子向心爱的姑娘传递心声的重要乐器，可自拉自唱，也可与笛子合奏或给章哈伴奏。

[kɔŋ⁵⁵lɔŋ⁵⁵] "大鼓"

一种大型打击乐器，直径约1米，长约2米，悬挂在佛寺大殿外面。把巨木凿空成圆筒，两端绷上黄牛皮制成。常在重要佛事活动时敲击，声音浑厚悠远，整个寨子都能听到。

6-24◆洼宽佛寺

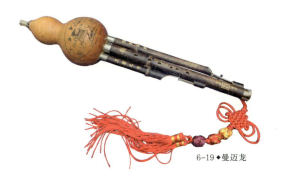

6-19◆曼迈龙

6-23◆曼迈龙

[pi³⁵kok³⁵tau¹³] "葫芦丝"

单簧气鸣乐器。主体由一个完整的葫芦加上三根竹管做成，中间一根竹管为主管，上面开有6个音孔，两边的为附管，起共鸣作用。音色优美，曲调婉转。以前是傣族独有的乐器，现在已传播到全国各地。最有名的葫芦丝曲目是《月光下的凤尾竹》。

[xɛm³⁵] "镲"

铜制打击乐器。两个圆形铜片中间凸起为半球形，中心有孔，穿红布条便于手持，互相拍击发声，常用于佛教活动或其他重大活动。与象脚鼓、铓合称傣族打击乐器"三大件"。

[kɔŋ⁵⁵xi³⁵la⁵¹] "长象脚鼓"

长约150厘米，大约是普通象脚鼓的两倍，主要用于定点伴奏，与象脚鼓、铓、镲等配套使用。由于鼓身长，共鸣大，敲出来的声音传得很远。

[kɔŋ⁵⁵] "象脚鼓"

当地重要的打击乐器，因其外形如大象的脚而得名，每个寨子都有象脚鼓。用于舞蹈伴奏，也可背着打跳、斗鼓。象脚鼓长约60—80厘米，用杜果树木头掏空制成，鼓面用牛皮绷制。为了使鼓声圆润，演奏前常用一团糯米饭粘在鼓面中央。

6-22◆曼乍

6-21◆曼将

6-25◆洼宽佛寺

[koŋ⁵⁵tɔp⁵¹]"小鼓"

小鼓与大鼓形制相同，只是小很多。平时挂在大鼓边上，击鼓之时，鼓手左手持大鼓槌，右手持小鼓槌，按一定节奏敲击，产生丰富的音色和节奏变化。

[jaːm⁵¹]"大铓"

比普通的"铓"大数倍甚至数十倍，悬挂在佛寺大殿外面或钟鼓楼里专门的架子上。在重要的佛事活动时，与大鼓、镲一起合奏，声音悠远悦耳。

6-27◆曼将

[kɔŋ¹¹] "铓"

一种铜制的打击乐器，圆盘形，边沿有两个孔穿绳子做提手。中间凸起成半球形，演奏时用铓槌敲击半球，声音圆润悠扬，常与象脚鼓和镲合奏。

[sɔŋ⁵¹] "排铓"

传统打击乐器。将五六面或七八面大小不等、音高各不相同的铓，按顺序挂在一个长方形木架上，木架上方装有一根连动杆，杆上设有与铓相对应的铓槌，扳动连杆，可同时敲击整排大小不同的铓。常与象脚鼓、镲一起，为节日、歌舞、武术等伴奏，声音激昂热烈。

景洪傣语　陆·日常活动

6-30◆曼将

6-31◆曼将

[xɔn¹¹pɔ¹¹kɔŋ⁵⁵] "鼓槌"

敲鼓的木棒。大鼓槌用长约 60 厘米、直径约 5 厘米的木头削成一个棒槌，较细的一头为把儿，较粗的一头为槌头，把儿与槌头的长度比例约为 1 比 2，击打大鼓，发出悠远的重低音。小鼓槌用长约 40 厘米、直径约 2 厘米的木棍削成，把儿与槌头的长度比例约为 2 比 1。用它快速敲击小鼓，发出紧密的高音，与大鼓的低音相配合。

[la⁵¹kaŋ⁵¹] "磬"

用于佛事活动的打击乐器，形状如一个葫芦置于一弯月亮中间的厚铁片，葫芦口处钻孔穿提手。用铁棍敲击，声音清脆悦耳。

6-29◆曼春满

[xɔn¹¹pɔ¹¹ja:m⁵¹] "大铓槌"

敲"大铓"的木棒槌。槌头用棉布紧紧包成南瓜的形状，把儿上雕有花纹。铓为铜制，用槌头敲击，发出低沉、悠远、悦耳的声音。

6-32◆曼将

[fɔn¹¹pʰi⁵⁵kon⁵⁵] "山神舞"

直译为"鬼舞",由身着黑衣之人头戴山神面具,手持木棍边耍边跳,在节庆时表演。

景洪傣语　陆·日常活动

[fɔn¹¹naːŋ⁵¹nok³³] "孔雀舞"

民间有名的模仿孔雀形象的表演性舞蹈。舞者头戴金盔假面，身穿孔雀羽翼道具，在象脚鼓、铓、镲等乐器伴奏下起舞。通常由两个男子或一男一女同舞，代表雌雄孔雀，舞蹈时有较多武术动作。举行重大的节庆活动时表演。后来，艺术家在传统孔雀舞的启发下，改编成舞台上表演的现代孔雀舞。由女性着孔雀裙装，在音乐的伴奏下表演，有严格的程式和要求，有规范化的舞步，每个动作有相应的鼓点伴奏。其特点是动作缓慢，刚柔相济，手指手腕和身段的变化是最主要的舞蹈语言。

[fɔn¹¹kɔŋ⁵⁵] "象脚鼓舞"

民间流传的自娱性舞蹈，舞者多为男子，因身挎象脚鼓而得名，可分为三种类型：长象脚鼓舞端庄潇洒，舞步缓慢，击鼓方法多变；中象脚鼓舞稳重扎实，刚健有力；短象脚鼓舞腾跃灵活，孔武有力。

[xap⁵⁵] "章哈表演"

传统的曲艺形式。通常是一个人唱，一个或两个人伴奏。"章哈"既是歌手称谓，也指曲种名称"章哈调"。每逢民间的重大活动，如贺新房、泼水节等都要请"章哈"演唱。演唱的内容有历史故事、劳动歌、生活歌、爱情歌、祝词、赞词等。

[fɔn¹¹kɔŋ⁵⁵fai⁵¹] "集体舞"

直译为"篝火鼓舞"，不分男女老少，有场地就可以一起跳的自娱性舞蹈。以象脚鼓、镲、铓等民族打击乐器伴奏，舞者可以随着鼓点自由发挥，气氛热烈欢快。

景洪傣语　陆·日常活动

[fɔn¹¹tsəŋ⁵¹] "武术"

武术种类繁多，大致可分为拳术类和器械类。常见的拳术有孔雀拳、象牙拳、虎拳、猫拳、美人拳等，器械类武术有单刀、双刀、象牙刀、长棒等。拳术对练比较常见，每逢节庆，男人们就会在象脚鼓的伴奏声中，对练几套供大家娱乐。

[hok⁵⁵jaːŋ⁵⁵] "跳皮筋"

一种儿童游戏。一般需 3 人以上才能玩，其中两人用身体或手拉着皮筋，先拉得低，随后越来越高，其余人以跳过皮筋为胜，不能跳过皮筋的就换下去拉皮筋。

6-41 ◆西双版纳总佛寺

[vat³³] "佛寺"

　　一般由寺门、佛殿、经堂、僧舍、鼓房、佛塔等组成，是僧侣和信众从事宗教活动的场所。主体建筑佛殿为重檐复顶式建筑，红瓦白墙，有的佛寺还给寺门和墙体镀金，大殿顶上有金属宝塔装饰，气势恢宏。佛寺分为三个等级，由低到高依次为村寨佛寺、中心佛寺和总佛寺。

[vi⁵¹haːn⁵⁵] "大殿"

　　佛寺的主体建筑，是供奉释迦牟尼像、念经、进行重要的宗教活动的地方，按坐西朝东方向布置。柱子和横梁漆成朱红色，并绘"金水"图案。殿内还供奉各种织锦佛幡、金银功德树、壁画、剪纸、法器等。

6-42 ◆洼宽佛寺

景洪傣语　陆·日常活动

201

[tɛn³³tʰam⁵¹maːt³³]"供桌"

一般位于佛寺大殿的佛像前，用于摆放供品的桌子，有木制的，也有混凝土的。上面雕刻有多种佛教花纹，底板为红色，花纹为金色。

[naːŋ⁵¹tʰɔ⁵¹la⁵¹ni⁵¹]"司水女神"

掌管水土的女神。供奉在佛寺大殿的佛像旁边，造型为一位正在洗头的女神像。传说她的长发指向哪里，哪里就有清泉流出，汇聚成溪流江河，灌溉土地。

[tɛn³³saŋ⁵⁵] **"僧台"**

设在大殿里佛像右前侧，方形，有黄顶华盖，上置红毯、蒲团，供僧侣打坐、诵经用，俗家人不能上去。

[hɔ⁵⁵tam⁵¹] **"诵经阁"**

用木头做成的亭子状的小阁楼，宝塔顶，有四脚支撑，用小梯子上下，阁上有孔雀、白象等花纹，阁内仅容一人端坐。诵经是"佛爷"住持的日常功课，有人来佛寺里做赕或逢年过节的时候，佛爷都要为人们诵经祝福，佛爷到寨子里做法事也要诵经。每逢泼水节、开门节、关门节、"赕维先达拉"等盛大庆典活动时，佛爷要坐到诵经阁里诵经。

景洪傣语　陆·日常活动

6-47◆注宽佛寺

6-51◆曼将

[tuŋ⁵¹]**"经幡"**

挂在佛寺大殿里的棉布织成的长条，上面画着各种图案，常见的有老傣文字母、十二生肖、本生经故事等。

[pʰa³³tsau¹³ko⁵¹ta⁵⁵ma⁵¹]**"释迦牟尼"**

佛寺供奉的主神都是释迦牟尼，一般的村寨佛寺只供奉大殿中端坐的佛像，有的佛寺在正对大殿大门的空地上，塑一尊站立的释迦牟尼。一般佛寺的佛像都是泥塑金身，有的中心佛寺也供奉有白玉佛、檀木佛、藤编佛等珍贵佛像。

6-49◆注宽佛寺

[vi⁵¹taːn⁵⁵]**"法扇"**

佛爷诵经时专用的扇子。底座上插一把约半米高的扇子，有的扇面上有佛像。在庄重的仪式上，诵经之前，佛爷要把法扇拿到面前，盘膝而坐，用扇面遮住面部才开始诵经。目的是让听经的信众用心聆听佛法，不要关注诵经人。法扇直译为"贝叶扇"，说明以前的法扇是用贝叶做成的。

6-50◆洼宽佛寺

[tsɔŋ¹³xam⁵¹loŋ⁵⁵pʰa³³tsau¹³] **"大金伞"**

直译为"佛祖的大金伞"。传统的大金伞用木头、竹条做伞骨，以油纸为伞面，漆金粉。现在的大金伞是金属骨架金色布面的。平时高高撑在佛寺大殿里，僧侣晋升的庆典活动中，请出来为其遮阳。

[pʰa³³tsi⁵¹vɔn⁵¹] **"佛幡"**

周围有穗儿装饰的一块方巾，像旌旗一样挂在一根小木杆上，放在大殿佛像前。佛爷在寨子里做法事的时候要带着它，表示佛祖已到。当地人认为，佛幡是佛祖用来擦汗的毛巾。

6-48◆洼宽佛寺

景洪傣语　陆·日常活动

[pʰum⁵¹si³⁵na¹³]"四面佛"

　　原是印度教、婆罗门教三主神之一的梵天，传说是创造宇宙的神。造型为一身四面八手的佛像端坐于佛龛之中，据说四面分别代表事业、爱情、健康与财运。

6-52◆曼春满

[tsau¹³kot⁵⁵]"天神"

　　传说中的一种保护神，专门惩恶扬善，保佑一方吉祥平安。彩色泥塑，披甲执锐，面目凶悍。

6-53◆曼春满

中国语言文化典藏

6-55◆曼春满

[siŋ⁵⁵] "狮子"

　　在佛塔前面，塑有一对蹲着的金身狮子，张着嘴，露出锋利的牙齿，仰头望着天空，据说是佛塔的守护神。

[naːk³³] "龙"

　　佛寺大殿正门口走廊两边的围栏上，塑有一对金色的龙，是佛寺的护法神兽。金龙张牙舞爪，龙头上有冠子，山羊胡子，龙身曲折，金鳞闪闪。传说能分辨善恶，把恶人挡在殿外，将好人请进殿里。

6-54◆洼宽佛寺

[tsaːŋ¹¹] "白象"

傣族的吉祥神，不仅常见于佛寺，也常见于寨神殿旁边。据说白象带着各种福气，走到哪里，哪里的村寨就风调雨顺、五谷丰登、财运亨通、兴旺发达。

[hoŋ⁵¹koŋ⁵⁵] "鼓房"

佛寺建筑，放置大鼓、小鼓、大铓等打击乐器的地方。傣历每月初一、十五，僧侣到鼓房敲鼓击铓，祈求神灵保佑百姓平安。一般的村寨佛寺没有专门的鼓房，鼓和铓等就放在大殿外面的走廊上。

[hin⁵⁵xi⁵⁵ma⁵¹] **"戒堂石"**

　　戒堂两边和后面，埋有若干形状如牙齿一样的石头，漆成金色，认为能起护持戒堂的作用，使僧侣在戒堂修行的时候不受鬼神打扰。

[bo⁵⁵sut⁵⁵] **"戒堂"**

　　僧侣进行议经、忏悔、晋升的圣堂，也常在此推算宗教节日。一般建于佛寺的大殿旁边，是佛寺等级高低的标志之一，只有等级较高或历史悠久的佛寺才有戒堂。

景洪傣语　陆·日常活动

6-60◆西双版纳总佛寺

[hɔ⁵⁵la³³kaŋ⁵¹] "钟楼"

　　佛寺内存放铜钟的建筑，每逢节庆或有重大仪式时，鼓房击鼓，钟楼鸣钟，钟鼓齐鸣，烘托气氛。在村寨佛寺中，钟楼比较罕见。

6-63◆曼迈龙

[baːt³⁵] "钵盂"

　　僧侣吃饭的用具。形状像小盆，有座儿，有盖，佩有背带，便于携带。以前，午饭的时候，僧侣要背着它到寨子里化斋。

6-62 ◆ 洼宽佛寺

[hɔ⁵⁵te⁵¹va³³da⁵⁵] "神龛"

供奉神灵的小阁，顶儿如王冠，底座饰有花纹，建于大殿或佛塔旁边。赕佛时在神龛中塞满赕品，寓意为供过往的各路神灵享用。

[tʰaːt³³] "塔"

景洪的佛塔属于舍利塔，是珍藏佛牙舍利的地方。用石、砖、土砌成八角形或葫芦形，镀金，高 15—20 米，塔尖一般装有银铃。佛塔一般由几个村寨合建于一个威望较高的佛寺里，供所有信众供奉。

6-61 ◆ 洼宽佛寺

景洪傣语　陆·日常活动

211

[tun¹³]"功德树"

　　用竹子做成一棵树的形状，赕佛时把钱物挂在树上布施给佛寺。主要用金箔进行装饰的叫作 [tun¹³xam⁵¹]"金功德树"，意为金子银子用不完（图6-64）。主要用纸币进行装饰的叫作 [tun¹³ŋɯn⁵¹]"钱功德树"，意为财源滚滚（图6-65）。在竹子中间用蜂蜡做成蜂房状的叫作 [tun¹³pʰɯŋ¹³]"蜂房功德树"，意为生活像蜂蜜一样甜（图6-66）。还有纸花装饰的叫作 [tun¹³dɔk³⁵mai¹¹]"花功德树"。

6-67 ◆ 曼迈龙

[hɔ⁵⁵te⁵¹va³³da⁵⁵baːn¹³] **"寨神殿"**

  寨子里供奉寨神的地方，由"波么"^{巫师}看管。在进行建新房、出远门等活动的时候，事先要同波么商量，请其对寨神说明情况。傣历每月十五、三十，波么按时祭拜寨神，祭拜前要沐浴更衣，时间在日出以前或日落之后。寨子里每年要进行一次祭寨神活动，这一天本寨的人不许外出，外寨的人不许进来。祭祀由"寨父"^{旧时的头人}主持，没有寨父的由一位德高望重的老者主持，僧侣不得参加。祭祀以牛、猪、鸡为祭品，每一家都要由主事的男人向寨神殿供奉一对蜡条和少量钱币。仪式结束后，全寨人聚餐欢庆。

6-71◆曼应代

[hɔ⁵⁵te⁵¹va³³da⁵⁵hən⁵¹] **"家神殿"**

建新房时，如果是拆旧房盖新房，拆老房子前要在主人的临时居住的地方用瓦片搭一个"家神殿"，从老屋把家神请出来"暂住"，用饭团和蜡条供奉。新房建好后把临时家神殿搬到新房前面，贺新房的时候由佛爷在楼上的主卧室里搭一个正式的家神殿，再把家神请回里面"入住"。

[kaːŋ⁵⁵tsai⁵⁵baːn¹³] **"寨心"**

在景洪傣族的观念中，人们居住的寨子就像一个人，有身躯，有心脏，有灵魂。"寨心"相当于寨子的心脏，建于寨子的中心位置。各地的寨心形状不一，有塔状、雄性生殖器状等，四周有围栏保护。寨子每年都要在寨父的主持下，进行一次"赕寨心"的活动，祈求保佑全寨人平安幸福。赕寨心没有固定的日子，择吉日进行即可，当天晚上，寨中男女老少都要集中到寨心，听经闻法。

6-69◆曼迈龙

中国语言文化典藏

6-68 ◆曼应代

[vai¹³te⁵¹va³³da⁵⁵baːn⁵¹] **"拜寨神"**

贺新房前一天，由老人用棕榈叶、木板、竹子等在新房前的空地上搭建一个临时的寨神殿。主人备好供品，由巫师去寨神殿把寨神请到临时寨神殿里供奉。棕榈叶上要扎上一些肉条，寨神殿里面放上枕头、蜡条、饭团，供寨神吃住，见证新房落成，保佑主人顺利平安。贺新房这一天早晨，请寨中一位德高望重的老人祭拜寨神，为主人祈求福泽。拜寨神用米饭、水、酒、菜、蜡条等物品供奉于寨神殿前。外寨的亲友来贺新房也要先拜寨神，有禀报并祈求保佑之意。

[vai¹³te⁵¹va³³da⁵⁵hən⁵¹] **"祭家神"**

在竹楼主卧室里架起一个供奉祖先的神台，以竹片编成的小竹台或小竹盒作为神位的标志，以蜡条、饭菜、水果、鲜花、米花为供品祭祀祖先。逢年过节要祭祀家神，将供品供于神台上，祈求祖先保佑全家人吉祥平安。遇到贺新房、结婚、生子、出远门等重要事项时，也要祭拜家神，祈求保佑。

6-70 ◆曼迈龙

6-74 ◆曼迈龙

[kɔn⁵¹ti⁵¹] "蔓荆子"

一种草药，主治胃痛、头痛、发热。传说，一个恶鬼追一个善人，快追上的时候，善人逃入蔓荆子草丛中，恶鬼被蔓荆子发出的光芒灼伤眼睛逃跑。因而当地人常在门上挂蔓荆子枝条避邪，还有人将其放在挎包里出行，保佑平安。

[fan¹³xa⁵¹xeu⁵⁵] "茅草绳"

民间用来辟邪的一种绳子。用茅草搓成，绕上白线，拿到佛寺加上佛的神力，贺新房时由佛爷诵经祈福后，用来围住新房，不让人进入，仪式结束后解开绳子才可自由出入。祭寨神的时候也用它来拦住寨门，不让其他寨子的人进入。

6-77 曼迈龙

[jɛn⁵¹pa:i⁵⁵sau⁵⁵] "星宿图"

红布做面，白土布做底，红布上面写有咒语。贴在房屋中间最重要那根柱子上，寓意保佑房屋平安牢固，相当于房子的"护身符"。

[pa⁵¹jɛn⁵¹] "护身符"

孩子出生后，外婆、奶奶或其他长辈亲属通常会用各色布条做一个护身符，拿到佛寺里请佛爷开光后带回来，别在孩子肩后的衣服上保平安。护身符没有固定的样式，小孩子一般会佩戴到四五岁。

6-76 ◆曼迈龙

6-72 ◆曼迈龙

[mək⁵⁵] "文身"

男性七八岁起开始文身。寨子里有专门给人文身的人，先用靛汁在手臂、大腿、腰部和背上画好图案，再用钢针把靛汁刺进皮肤里。文身的颜色多为藏青色，图案有动物、花草、武器、文字等。当地人认为文身具有护身符的作用。女性也有文身习俗，但不普遍，且仅文左手腕。

6-73◆傣族园

[mat³³ta⁵⁵lɛu⁵⁵] "达寮"

蜂房状的避邪物。据说用宽竹片编成的达寮法力更强，用来挂在寨门、竹楼口或卧室门上方。用细竹片编成的达寮法力小一些，用在一般的仪式中，用完不再保存。达寮也用作禁止入内的标志，祭祀寨神的时候放到村口，外人就不得入内；家里有人坐月子，把它放在楼梯口，别人就不能上楼打扰。

6-75◆曼迈龙

[maːk³⁵lɛ³³be¹³] "槟榔贝壳"

约 20 个切开的槟榔瓣串在一起晾干成槟榔串儿，选 5 个槟榔串儿与一块长方形的红布扎在一起，红布上钉 5 个小贝壳，槟榔象征食物，贝壳象征钱币，数字 5 表示多，其寓意是丰富的钱粮。用在供奉祖先、祭祀鬼神时，具有祈求保佑之意；用在搬新居、拜师学艺时，具有祝福钱多、粮多之意。常悬挂在家里的柱子上或墙上，也可放在供桌上。

6-78 ◆曼迈龙

[pit³³nam¹¹sum¹³pɔi³⁵] "洒蛇藤水"

当地人认为，蛇藤泡出来的水具有驱邪的作用，在贺新房、婚丧等重要仪式上都有洒水的习俗，由佛爷或"波占"祭佛师用树枝蘸水洒向人群或特定的地方。

6-79 ◆曼迈龙

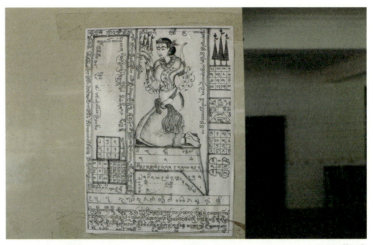

[tit⁵⁵ka⁵¹tʰa⁵⁵] "偈咒"

　　许多人家会在竹楼门边贴一张白纸，上面写着保佑家人平安的佛经偈颂。偈咒由房屋主人请波占或佛爷撰写。

[kɔ⁵⁵mai¹¹vi¹¹set³⁵] "寨神树"

　　寨子里长得高大、年代久远的榕树、酸角树或菩提树。如果有人开始供奉，就成为保佑人们平安的寨神树，祭祀后的物品常常会送到寨神树下摆放。

景洪傣语　陆·日常活动

[taːn⁵¹hən⁵¹]"赊新房"

贺新房的仪式。波占念诵各种咒语祷词，为新房主人一家驱邪并祝福。主人席地而坐，双手合十，背对波占，洗耳恭听。草席的四角压着驱邪的"芭蕉盘"。同时在一个土碗里把牛角和头发烧出气味，当地人认为牛角和头发有辟邪的神力。

[sa⁵⁵tun⁵¹jok³⁵]"芭蕉盘"

贺新房祭祀用的道具。用芭蕉杆制成一个方盘，内盛蜡条、沙子、糯米团等物品。一般，芭蕉盘共有九个，新房的四角和中间各放置一个，祭祀时主人一家所坐的席子四角各放置一个。祭祀结束后由老人送到寨头或寨尾，人们认为，鬼怪和邪恶的东西会随之而去。

[tʰa³³na⁵¹]"请神"

贺新房时，老人拜完寨神和家神后，将供奉在神殿内外的供品用竹篾桌搬至楼上房内，表示已将寨神和家神请到屋内。由于供品较多，不可能全部搬走，但蜡条必不可少，其他的供品由老人随机选择，有的喜欢拿神殿外的酒肉，有的喜欢拿神殿内的枕头。

6-82 ◆曼空代

[mai¹¹pʰɛt³³] "竹竿"

祭祀活动中使用过的竹竿或木棒通常送到寨神树下摆放。当地人认为，寨神树下的竹竿或木棒具有一定的神力，不能随便去搬动。

6-87 ◆曼应代

[xo⁵⁵] "桥"

贺新房祭祀时用的一种道具，直译为"桥"。由一根长木棒和10根短木棒扎成，长木棒象征大桥，短木棒象征小桥。寓意是乔迁新居，遇到什么困难都能"搭桥"顺利通过。

[tsiʔ⁵⁵xau⁵⁵xwaːi⁵¹pʰum⁵⁵ho⁵⁵] "烧牛角"

波占为新房驱邪时，要在堂屋里烧牛角和头发。当地人认为鬼害怕这种难闻的气味。

6-86 ◆曼应代

6-89◆曼应代

6-88◆曼应代

[mu⁵¹nam¹¹mu⁵¹saːi⁵¹] **"地母宫"**

[mu⁵¹]为汉语"母"的音译,[nam¹¹]"水",[saːi⁵¹]"沙土",合译为"地母宫",即地母居住之地,是贺新房时祭祀用的一种道具。一段约2米长的竹子两头用白纸包好,每一竹节上削出一个"拱门",竹子上绑一棵芭蕉即成。在贺新房仪式中的象征意义是"向地母求取建新房的土地",与"桥""菩提树支架"一起使用。

[mai¹¹kam¹¹si⁵⁵li⁵⁵] **"菩提树支架"**

贺新房时祭祀用的一种道具,直译为"菩提树的扁担"。长木棒和短木棒的一端都有枝杈,像撑树枝的支架。寓意是在新家里行善积德,遇到不顺心的事也能支撑过去,逢凶化吉。与图6-87"桥"的木棒不同的是"菩提树支架"的木棒上有枝杈。

[suŋ³⁵xo⁵¹taːn⁵¹pai⁵⁵kam¹¹kɔ⁵⁵si⁵⁵li⁵⁵] **"送祭品"**

　　新房诞生仪式完成之后，由一位与主人关系比较亲近的老人将仪式上用过的"三脚架"和"芭蕉盘"等祭品送到寨神树下，意为鬼神已被请走，新房可以安心入住。

[suɯp³⁵tsaːi⁵¹ta⁵⁵hən⁵¹] **"新房诞生"**

　　贺新房的仪式。把"桥""菩提树支架""地母宫"扎成一个三脚架，代表简易的房子。用一块土布放在三脚架上，作为新房的生辰布，布上不写字。主人全家人坐在三脚架搭成的"房子"里面，由佛爷、波占、寨老依次念经祝福，并为主人一家拴线。仪式结束后，新房才算正式"出生"，这一天就是新房的"生日"。

景洪傣语 · 陆 · 日常活动

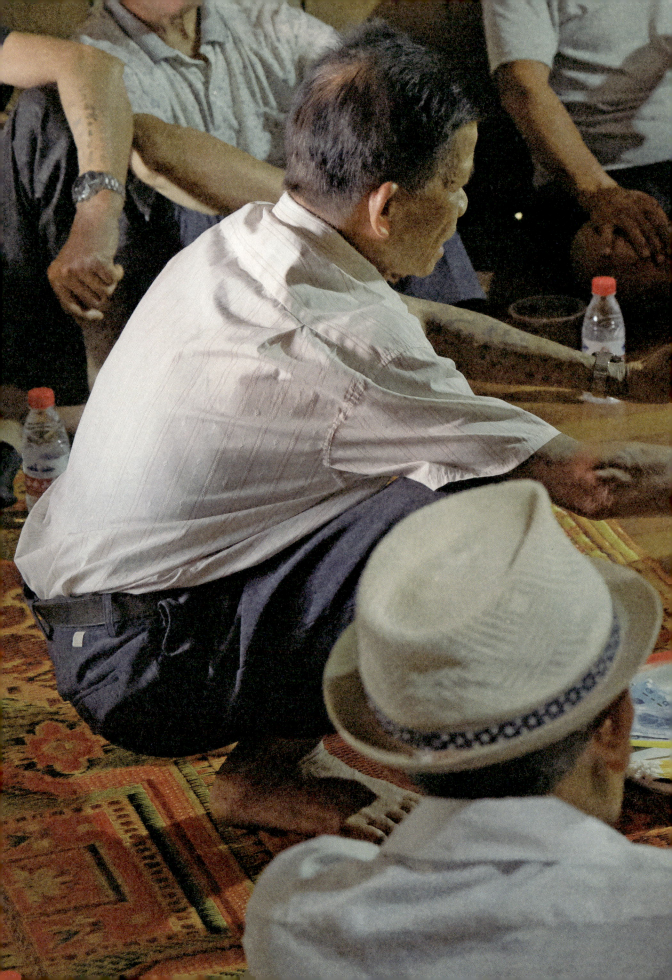

傣族的婚姻都是自由恋爱结合的。男女双方通过走亲访友、节庆或其他场合认识后交往，确定恋爱关系。当恋爱成熟后就告诉父母，男方父母会托亲友或亲自到女方家去提亲，商议定亲的日子。定亲时没有特别的礼节，只是双方的亲戚聚在一起，商定彩礼数额、是入赘还是嫁女，以及结婚的时间和各种事项，双方达成一致后，摆宴庆祝。

结婚叫作 [saːŋ¹³kam⁵⁵ven⁵¹]，直译是"建姻缘"，生动地说明当地傣族男女平等的婚姻习俗。傣族结婚的时候，是女方嫁到男方家，还是男方来女方家入赘，由双方根据实际的情况协商决定，哪一方需要劳力，就住到哪一方家。有条件的家庭，年轻夫妇也可以自立门户。

傣族特别重视孩子的取名和满月仪式。孩子出生后，亲人到佛寺请佛爷取名字，佛爷根据孩子的生辰和家庭情况取好名字后写在一块"土布"上由来人带回家。男孩名字前加"岩"，女孩名字前加"玉"。孩子满月后，亲戚朋友都来为小孩拴线祝福。

中国语言文化典藏

男孩到七八岁时，除了接受九年义务教育外，有的男孩会选择到村寨佛寺，学习傣族传统文化知识。他们与普通孩子的日常生活大同小异，到学校学习，在寨子里玩耍，回家吃饭干活。在勐罕镇，六到十岁的傣族女孩也会按传统习俗，由其父母集体组织到佛寺里做一次隆重的"成人礼"仪式。

　　傣族的丧葬仪式比较简朴。逝者入殓后停放在其卧室，连同生前的生活物品，供亲友吊唁，不另搭灵堂。出殡要请"波占"测算吉日，出殡那天把竹楼打扫一遍，把火塘里的炭灰清理干净，佛爷为逝者念送葬经，亲戚朋友一起把逝者送到坟地，佛爷念经"滴水"_{诵经结束后将水倒入盆里的宗教仪式}（图8-19），祈祷逝者安息，之后把棺材架到柴堆上点火焚烧。火化后的第二天早晨，老人们来到墓地，从炭灰里捡出逝者的遗骨，用土布包起来，就地埋在炭灰里，用泥土覆盖，再罩上冥房，围上竹篱笆，葬礼至此结束。逝者葬后不立墓碑，之后的祭奠活动都在家里或佛寺进行。葬后第七天，家属请佛爷来家里念经，超度亡灵。

[pʰa¹³hum³⁵pʰa¹³sə³⁵] "新被褥"

在新娘的陪嫁的物品中，一定要有全套的新被褥，结婚当天由女方亲戚朋友送到男方家。

7-1 ◆曼迈龙

[tɔp³⁵nam¹¹num⁵¹ʔom⁵⁵xau¹³ma:m³³] "聘礼"

青年男女恋爱到一定程度，双方同意订婚后，男方的母亲在自己姐妹的陪同下，去向女方的母亲征求意见，女方参与者也是女方母亲的姐妹。征得女方母亲同意后，开始商量订婚和结婚的条件。参与议定的人为男方的父亲及父亲的姐夫、妹夫，女方的父亲、父亲的姐夫、妹夫，地点在女方家，内容包括结婚时间、从妻居还是从夫居、女方的嫁妆、男方的聘礼等具体问题。结婚前两天，男方把事先议定好的聘礼送到女方家。聘礼的多少根据双方的经济条件而定，一般包括一定数量的布料、现金和金银首饰。

中国语言文化典藏

7-3 ◆曼迈龙

7-2 ◆曼迈龙

[xəŋ³³pa⁵⁵dap⁵⁵] "首饰"

嫁妆中的首饰包括金戒指、金耳环、金发簪、金手镯、金项链等，可根据双方的财力商量购买。但新娘头上戴的有金穗的大金莲花是必备的。

[xəŋ³³jɔŋ¹³] "嫁妆"

结婚那天，为新娘准备的贵重嫁妆要整齐地摆放在一张小方桌上供客人们欣赏。贵重嫁妆包括现金、金锭、银锭、银碗、金银首饰、布料等，此外桌上还要摆上芭蕉、糯米饭团儿、一对芭蕉叶包着的熟雏鸡（雌雄各一只）。除现金之外，嫁妆桌上的物品要带到新郎家，摆出来举行拴线仪式。

[kau¹³pʰum⁵⁵ho⁵⁵pai¹¹mai³⁵] "新娘头"

寨子里专门梳新娘头的人按照传统把新娘的头发梳成一个扇形的发髻，用陪嫁的金头饰把新娘打扮得珠光宝气、漂漂亮亮。

[haːŋ¹³xo⁵¹tʰuŋ⁵⁵pai¹¹mai³⁵] "新娘包"

新娘出嫁前，父母要为她准备好一个新娘包，里面有芭蕉、糯米饭团、红糖、烤肉。希望女儿嫁过去以后，日子甜蜜，吃穿不愁。

7-5 ◆曼迈龙

7-6 ◆曼迈龙

[xau^{13}pɔŋ^{51}pai^{11}mai^{35}]"烤米饼"

迎亲那天,新郎家要烧炭火烤米饼,米饼用糯米面加红糖舂制晒干而成,用火一烤,胀大数倍,是结婚时必不可少的食品,象征新人未来的生活兴旺发达。

[hap^{33}pai^{11}mai^{35}]"接新娘"

以前,结婚的时候,新娘着传统盛装,上衣为白色,筒裙为黑色。新郎也穿传统服装去接亲。随着文化的交流融合,现在越来越多的人选择红色新娘装,红色象征着喜庆。新娘要梳传统的发髻,戴上各种金银首饰。新郎穿衬衫、西裤,胸前别一朵小红花。结婚当天,新郎要算好吉时,与同龄的友伴一起到新娘家迎亲,一路上要放鞭炮,意为驱逐邪魔。迎亲队伍到来的时候,新娘的友伴在院门口设置一些关卡,泼洒祝福的水,讨喜钱。迎亲团通过道道关卡后,到家里认亲。吉时到来,新郎新娘在娶亲团和送亲团的簇拥下,返回新郎家。

[pan⁵⁵xau¹³pɔŋ⁵¹] **"发米饼"**

    娶亲团回来，簇拥着一对新人上楼，帮忙的人挑来许多烤米饼，发给亲朋好友。人们认为，吃到烤米饼的人沾了新人的喜气，来年会兴旺发达。

[tse³⁵pai¹¹mai³⁵] **"背新娘"**

    娶亲团回到男方家附近，伴郎团和送亲团把新郎新娘拦住，脱掉新娘的鞋，让新郎背着新娘回家，寓意是新娘不是自己走到新郎家的，而是新郎心甘情愿地背回家的，所以要一辈子珍惜她。

[kun⁵¹lau³³mu³⁵xwɔn⁵⁵] "主婚人"

由村寨里最受人尊敬的长者来担任，男方事先要用蜡条、鲜花和少量钱币去聘请。他最重要的任务是帮助男方准备拴线桌并主持拴线仪式。拴线桌上备有装着清水的银碗、银首饰盒、金锭、银锭、糯米饭、盐巴、鸡蛋、芭蕉、白棉线、一对雌雄熟雏鸡、两对蜡条、两瓶酒等物。

[kun⁵¹suŋ³⁵xəi⁵⁵mai³⁵] "娶亲团"

新郎没有专门的伴郎，由同龄的好友组成娶亲团。去娶亲的时候，在进入新娘家屋前，女方的妇女会向娶亲团泼水表示欢迎，娶亲团最重要的任务就是防止新郎官被泼水。除陪同新郎去娶亲之外，娶亲团还要帮忙招呼客人，活跃气氛。

[kun⁵¹suŋ³⁵pai¹¹mai³⁵] "送亲团"

传统婚礼没有专门的伴娘，只有一群年龄相仿的伙伴来相送，她们会一直把新娘送到新郎家，见证他们的婚礼。

[su³⁵xau¹³mat³³xwɔn⁵⁵] "结婚拴线"

给新郎新娘拴线是婚礼中最隆重的仪式。拴线在上午进行，一对新人跪在拴线桌前，双手合十，脑门贴地，父母亲友也双手合十坐在周围。主婚人在拴线桌上点起两根蜡条，用棉线把大家围在一起，念祝福经，同时用银钵里的水洒在新人头上。然后用糯米饭团蘸桌上的食物，放在桌上，新郎新娘跟着做，以祭祀神灵。念完祝福经，主婚人把棉线拴在两人手腕上，表示从此两人的魂连在一起，同甘共苦。之后由父母、长辈、亲属依次为新郎新娘拴线，祝福他们幸福美满。拴线结束后，新婚夫妇要向新娘父母送奶水钱，数量为双数。

景洪傣语 柒·婚育丧葬

[ʔau⁵⁵ho⁵⁵si⁵⁵kam⁵⁵] **"结发"**

　　婚礼第二天上午，男方家请来四位寨老为一对新人祝福。新郎新娘双手合十跪拜，寨老一手拿一根蜡条点在新郎新娘头上，代表寨子欢迎新人组建新家，祝福他们幸福美满、白头偕老。

[saːm⁵⁵van⁵¹tsai⁵¹pai¹¹] **"探新人"**

　　婚礼的第三天，新娘的父母带着自己的兄弟姐妹来到新郎家探望女儿，并与男方家的亲戚认亲。新娘一家要用篾箩挑来各种肉类和蔬菜，与新郎一家吃团圆饭。

7-16◆曼迈龙

7-19◆曼迈龙

[tɔn¹³lau¹³pi³³nɔŋ¹¹] "新人敬酒"

在婚宴进行期间，新人会到每一桌敬酒，感谢亲友光临。

[nam¹¹naŋ⁵⁵] "牛皮饼"

"探新人"的必备食品。其做法是将牛皮去毛后，小火熬成糊，在木板上摊成饼晒干。食用的时候，涂上猪油，用炭火烤到膨胀酥脆即可，蘸"西红柿喃咪"吃味道更美。"探新人"的团圆饭一定要吃牛皮饼，意味着新郎新娘的生活越来越富有，财物像牛皮饼一样成倍增长。

[taŋ¹³mu³⁵xau¹³] "喜宴"

拴线仪式结束后，正是午饭时间，喜宴开始。亲朋好友聚在一起吃饭喝酒，热闹非凡，一直持续到夜晚。

7-15◆曼迈龙

7-25 ◆曼迈龙

[mat³³xwɔn⁵⁵lɔn⁵⁵dən⁵⁵] "满月拴线"

亲朋好友围坐在拴线桌前，年长者坐在最里面，代表各自的家庭给孩子拴线。由一位主持的老人把线头交到怀抱孩子的妈妈手中，其他长辈伸手拉线，围成一圈。主持的老人念满月祝福经，然后从妈妈那头开始，长辈们轮流轻轻把手中的线拴在孩子手腕上并剪断。也有妈妈用自己的手腕代替孩子接受拴线的。当地人认为，拴线过后孩子的魂就和所有亲友紧密联系在一起了。

7-21 ◆曼将

[tsaːi⁵¹ta⁵⁵] "生辰布"

记录孩子生辰八字的白色土布，一般由取名的佛爷或波占撰写。结婚之前，生辰布由父母保管，婚后，由自己保管。生辰布一般不示人，在满月、结婚、过世时才会取出择吉日吉时，有病或运气不好时也可请出生辰布去请人占卜。

7-22◆曼迈龙

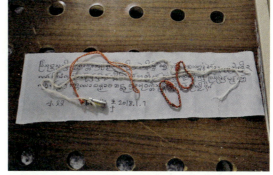

7-20◆曼将

[lɔn⁵⁵dən⁵⁵] **"满月"**

孩子满月当天，主人要准备好拴线桌，请波占或寨老为小孩子诵经、拴线祝福，同时邀请寨老、亲朋好友为孩子拴线，祝愿孩子茁壮成长。拴线桌上的物品一般有米、红糖、辣椒、书本、计算器、秤、笔、剪刀等物。摆放的东西都是对孩子的祝愿，希望孩子将来丰衣足食、能写会算、生活富足。

[sai³⁵tsɯ³³] **"起名"**

孩子出生三天后，家人去告诉佛爷或波占孩子的出生时辰，佛爷或波占根据孩子的生辰和家庭情况，为孩子取一个名字。男孩名字前面加"岩"，女孩名字前面加"玉"。名字取好后，把名字和祝福的经文及生辰八字写在一片白色土布上，现在也有写在纸上的。并用几根白色和红色的棉线念经开光后，一起交由家人带回。从此孩子就有了名字，棉线可拴在孩子手腕上意为避邪保平安。

[ʔaːp³⁵nam¹¹lɔn⁵⁵nɔi¹¹] **"洗澡"**

头发剃光后，妈妈给孩子洗澡，换上新衣服，抱出来接受亲朋好友的祝贺。在场的亲朋好友要轮流抱一抱孩子，然后团团坐下举行满月拴线。

[xut³⁵ho⁵⁵] **"剃头"**

孩子从出生到满月，都不剃头，到满月拴线这天，才由父亲把孩子的头发剃光。

7-23◆曼迈龙

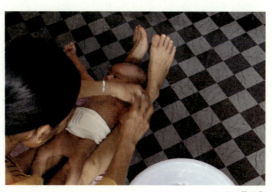

7-24◆曼迈龙

[mok⁵⁵ho⁵⁵lən⁵⁵] "黄帽子"

一块方形黄布用线扎在头上就是黄帽子。刚入寺的小和尚要戴黄帽子，七天的考察期结束后才能脱下来成为正式和尚，在此期间若违反戒律，住持有权让其还俗。

7-28 ◆曼远

[mu³⁵xau¹³lɔn⁵⁵dən⁵⁵] "满月酒"

拴线结束后，亲友们在主人家吃饭喝酒，祝贺孩子满月。来庆祝孩子满月的长辈要送给孩子一些礼物，如衣物、鞋帽等。

7-26◆曼迈龙

[bot³⁵luk³³kɛu¹³] "升和尚"

男孩到七八岁，除了接受九年义务教育外，有的还要到佛寺学习傣族传统文化知识。准备"升和尚"前，父母请一对好友夫妇担任男孩的"教父""教母"，他们要承担仪式的大部分花销。认了教父教母的男孩称为"教子"，此后教子要像孝敬自己的父母一样孝敬教父教母，这种关系保持终身。仪式前一天，教子要身着盛装，打扮得像一位王子，亲朋好友前来祝贺用餐，随后抬着赕品，敲锣打鼓，把教子背到佛寺大殿。教子由家人陪着住一晚，等待第二天的穿袈裟仪式。吉时到来，教子念诵求袈裟经文，佛爷把袈裟赐给他们，并帮助他们脱掉盛装，穿上袈裟，一起诵经滴水。随后教子双手捧着钵盂走出大殿到指定的地方化缘，来供奉的信众把备好的零钱放到钵盂里。完成化缘，仪式即结束。

7-27◆西双版纳总佛寺

7-30◆曼迈龙

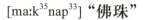

7-29◆曼迈龙

[ma:k³⁵nap³³] "佛珠"

男孩出家时，每人都会配上一串佛珠，礼佛时用。佛珠通常用檀香木制成，也有玉石、珍珠、玛瑙的。

[su⁵⁵van⁵¹na³³pat⁵⁵] "银片"

升和尚时，把小男孩的基本信息刻在银片上，连同一块黄布扎成"黄帽子"给小男孩佩戴。

[ta:n⁵¹sa⁵⁵lak³⁵sɔi¹³] "女孩成人礼"

6至10岁的女孩，父母会为其举行一次大赕，相当于女孩的成人礼，女孩的成人礼一般四年举行一次，寨子里适龄的女孩一起参加。

7-32◆洼宽佛寺

中国语言文化典藏

7-33 ◆曼迈囡

[ʔun³⁵sa⁵⁵laːk³⁵sɔi¹³] **"诵祝词"**

女孩成人礼的准备工作很漫长，其中很重要的一项就是请寨子里学识渊博的长者为孩子做一份成人礼的祝词，在做赕前一天晚上，请一位口齿伶俐的亲友把这份祝词从头到尾诵读一遍。

[xau¹³tɔk³⁵dɔk³⁵mai¹¹] **"米花"**

用谷子加热制成，相当于爆米花。祭祀或佛事活动时，抛撒米花，意为驱邪祝福。如小男孩出家、大和尚晋升佛爷等活动通常要撒米花。

7-31 ◆曼迈龙

7-37◆洼宽佛寺

[tɔŋ⁵⁵]"签条"

女孩的父母会将女孩的名字和地址写在一张纸上塞进小竹筒（现在用黑色塑料吸管代替）制成签条。除了成人礼的赆品之外，供奉佛寺的每户人家都准备了多少不一的赆品，也要做同样的签条。附近佛寺的僧侣都会受邀来参加女孩成人礼仪式，念经、滴水之后，他们都来抽取签条，抽到哪个签条就可无偿获得上面记录的人家的赆品。

[pʰa⁵⁵saːt³⁵taŋ¹³laŋ⁵⁵ma¹¹]"木马"

用木头和竹子做成马的"骨架"，用棉花和白纸做成马的皮毛，马背上驮着木头做的"塔楼"。在女孩成人礼的赆品中，白色的木马是必不可少的，意思是"白马驮福来"。

7-34◆洼宽佛寺

[xau¹³tsuk⁵⁵] "锥形粽子"

女孩成人礼上必不可少的食品，用糯米面加红糖水揉好，再用芭蕉叶包成圆锥形的粽子，放入木甑中蒸熟即可。除拿到佛寺中布施外，亲朋好友都要吃上一个，以祝贺女孩成人。

[xo⁵¹taːn⁵¹sa⁵⁵laːk³⁵sɔi¹³] "赎品"

女孩成人礼的赎品很丰富，小到香蕉、方便面、火腿肠，大到冰箱、彩电、摩托车，根据主人家的财力置办。大件的物品要询问佛爷，根据佛寺的需要准备，小件物品自主准备即可。

7-40◆曼空代

[pɛŋ⁵⁵hən⁵¹kɛu¹³] "做冥房"

　　前来奔丧的亲友用篾片和白纸做一间冥房，冥房的样式为"四面坡"，形似竹楼顶，屋脊上插三面纸旗。棺材抬出院子时用冥房罩在上面。

中国语言文化典藏

7-39◆曼空代

244

7-42 ◆曼迈龙

7-41 ◆曼迈龙

[sə¹³xaːu⁵⁵sin¹³nin⁵¹] "寿衣"

由老人生前自己置办。一般来说，男性的是白衬衫黑裤子，女性的是白上衣，黑筒裙。入殓前由子女或亲属给逝者穿戴整齐。

[faːi¹³ham⁵¹] "土布"

家人要为逝者准备一块土布，送葬时带到坟地，佛爷做法事的时候放在棺材上用以驱邪，火化后用来包裹逝者的骨灰下葬。

[kon⁵⁵] "棺材"

人们一般不会事先为老人准备棺材。当老人即将离世的时候，才用木板现做一个简易的棺材，有底座儿，不涂漆。老人去世后，为其沐浴更衣入殓，停放到逝者的卧房，把逝者生前用过的东西放在棺材周围。

7-38 ◆曼空代

7-43 ◆曼迈龙

[pʰa¹³hum³⁵tam³⁵kaːu¹¹] **"寿被"**

　　用纯手工双层土布缝制而成，黑白花纹。据老人说这是古代被子的真实样子。入殓时，棺材底上放一层布垫，给逝者穿好寿衣，放平，盖上寿被，再盖棺盖。

[kɔ⁵⁵kuk³³xi¹³mɛu⁵¹] **"九翅豆蔻"**

　　家人到山上砍来几棵九翅豆蔻，在树干中间包上一块傣锦方巾，插上一对蜡条，充当佛幡。出殡的时候，由亲人扛到坟地，寓意是护送逝者去往西方极乐世界。

7-44 ◆曼空代

[kin⁵⁵xau¹³hən⁵¹jin⁵⁵] **"丧宴"**

　　老人过世，家人要杀猪或宰牛，招待前来奔丧的亲戚朋友。丧宴上一般不能饮酒，不大声喧闹。

[hɔ³⁵xau¹³bai⁵⁵tɔŋ⁵¹] **"饭包"**

　　在祭奠逝者的时候，妇女们采来刺桐树叶包上糯米饭，再用土布把它们包起来做成一个大饭包，在晚饭的时供奉给逝者。当地人认为，只有用刺桐树叶包好的饭菜逝者才能享用。

[loŋ⁵¹] **"飞龙"**

　　来送葬的老人们用加了红糖的熟糯米面捏一只有翅膀的飞龙供奉在棺材前，作为逝者的坐骑，意为逝者将乘龙西游。

[xaːm¹³maiⁱ¹kaːn⁵¹] "绕扁担"

　　棺材抬出院门，盖上冥房，穿好抬棺材的扁担，家人围着棺材，跨过扁担，逆时针绕三圈，与逝者告别。绕的时候，可跟逝者说一些告别的话。

[jok³³kon⁵⁵] "起棺"

　　"绕扁担"结束后，由四位壮年男子抬起棺材，走向墓地，送葬的亲友跟在后面。

[jon⁵¹xai³⁵lək³³ti³³] "选址"

每个寨子都有一块固定的墓地，用来安葬全寨的逝者，一般无丧事不能进入墓地。葬后不立墓碑，不到墓地进行祭奠活动。有人去世后，由亲戚朋友帮忙到墓地里选择一块合适的地方，挖一个大坑，堆好木柴用于火化。

[fɛt³³kun⁵¹ta:i⁵⁵] "送葬"

送葬的时候，佛爷走在最前面引路，其他亲属和寨子里的人排成长队跟在棺木后面，接着是扛九翅豆蔻的亲人，一起把逝者送到墓地。

景洪傣语　柒·婚育丧葬

[lep⁵¹bom⁵⁵] "绕棺"

棺材抬到墓地放好，取下罩在上面的冥房，前来送葬的亲戚朋友手持点燃的蜡条，逆时针绕棺三圈，与逝者做最后的告别。

[kin⁵⁵xai³⁵mat³³xɔn⁵⁵] "吃蛋拴线"

送葬回来的亲戚朋友，在进院门前，老人用蛇藤泡的水洒向他们，意为驱逐邪气。进到家里，有老人在他们手腕上拴线，意为避免魂魄遗失在墓地。参加抬棺材、挖土坑、搬运柴火等的主要人员还要吃白水煮鸡蛋，意为远离灾祸。

中国语言文化典藏

7-53 ◆曼空代

[faŋ⁵⁵ʔɔm⁵⁵] "下葬"

　　火化后的第二天上午，老人们来到墓地，从灰烬里捡出逝者的遗骨，用土布包起来。用土布包好的骨灰就地埋在火化的炭灰里，用土覆盖，再罩上冥房，围上竹篱笆，葬礼才算结束。

[taːn⁵¹pai⁵⁵bau³⁵pɔk³³] "赕逝者"

　　关门节期间，要择吉日为关门节前逝去的人做赕。供奉佛寺的寨子有几个人过世，就有几家人做赕。附近的亲戚朋友要来帮忙准备赕品。前一天下午，做赕的人家一起抬着赕品送到佛寺，为仪式做好准备。

7-55 ◆曼迈囡

[buᵘ⁵⁵tsa⁵¹ʔa⁵⁵xa⁵⁵ba⁵⁵li⁵¹xaːn⁵⁵] **"请法器"**

在赕逝者的前一天，家人从佛寺把小鼓、铓、镲、木刀、木枪等请到家里来，夜晚敲锣打鼓，意为驱邪赶鬼。

[hən⁵¹kɛu¹³] **"赕冥房"**

冥房是赕逝者最重要的物品，整个仪式几乎都是以冥房为中心进行的。冥房是用木头做成的竹楼模型，前一天送到佛寺大殿。正式做赕的时候用各种生活用品装饰成一个家的样子，再举行相关仪式。

[pɔn¹³xau¹³kun⁵¹taːi⁵⁵] "喂饭"

在赊逝者的这一天早上，把冥房装饰成逝者的家，在冥房的楼梯前面，摆一张小篾桌，桌上放上糯米饭、肉、水、水果、蔬菜等物，家属点燃蜡条，拿桌上的食物，放到冥房上请逝者享用，同时说一些怀念和安慰的话。

[su⁵⁵ma⁵¹kun⁵¹taːi⁵⁵] "苏玛逝者"

吉时到来，佛爷和波占在诵经台前诵经滴水，告慰亡灵。来参加赊逝者的亲戚朋友围在逝者的冥房前，双手合十，听经，祈祷，滴水，向逝者说"苏玛"对不起。滴水仪式结束，赊逝者也随之结束。

捌·节日

　　景洪的傣族按照历法（傣历，俗称祖腊历）来安排生产和生活。傣历以 6 月（公历 4 月）为岁首，5 月为岁末，因此傣历的新年又叫"6 月新年"，是一年中最重要的节日。因为庆祝新年的时候最典型的活动就是泼水祝福，所以又叫"泼水节"。西双版纳各勐_{傣族地区传统的行政单位，相当于县或乡镇}过泼水节的时间会相差一两天，不过都在公历 4 月 8 日至 22 日之间，如勐养在 4 月 8 日至 10 日，景洪在 4 月 13 日至 15 日，勐罕在 4 月 16 日至 18 日，期间不同勐的亲戚朋友可以互相邀约对方来过新年。泼水节庆祝活动一般为三天，第一天叫 [van⁵¹pai⁵⁵]"去日"，即旧年的最后一天，这一天要打扫房屋内外，以干净、整洁的面貌迎接新年，在家里祭祀祖先，吃团圆饭，下午四五点老人们到佛寺的空地上用河沙堆成一个塔的形状，并在沙塔中间插上一根竹子，以备第二天早上赕佛用。第二天叫 [van⁵¹nau⁵¹]"空日"，即不属于旧年也不属于新年的空出来的一天，这一天凌晨，所有人都到佛寺赕佛听经、滴水祈福，每户人家都带上事先准备好的赕品放到沙塔上，滴水仪式结束，附近的哈尼族会来抢沙塔上的赕品。全家人回家吃午饭，然后换上新衣到城镇上赶摆，到澜沧江边看赛龙舟、放土火箭。第三天叫 [van⁵¹ma⁵¹]"来日"，即新年的第一天，这一天最重要的活动就是泼水狂欢，祈祷新的一年风调雨顺、五谷丰登、生活幸福。泼水的时间在 11—16 时之间，景洪的傣

族到景洪城里泼，乡镇的傣族到乡镇泼，寨子里的人也可以互相泼，只是不那么激烈。

除泼水节之外，其他节日大都与南传佛教密切相关，关门节和开门节就是传统的佛教节日。关门节在傣历9月15日（公历7月中旬）。从这一天开始的三个月里，僧侣在佛寺中修行，百姓也停止娱乐活动，不举行婚礼、不贺新房，老年人经常到佛寺里听经修行，有的老年信徒还住到佛寺里，与僧侣过同样的修行生活。开门节在傣历12月15日（公历10月中旬）进行，这一天人们到佛寺赕佛，之后开始欢庆开门节，此后娱乐活动就开始频繁起来。开门节后的三个月，结婚和贺新房的人最多。

其他的一些节日都会以开门节、关门节为参照来确定时间。如献经节在关门节期间进行，这一天，每户人家都要向佛寺敬献一本经书，连同许多赕品。赕塔节在开门节期间进行，这是纪念佛塔的活动，除赕佛之外，还在佛寺外面进行赶摆、唱歌跳舞等娱乐活动。实际上献经节和赕塔节也是传统的宗教节日。可以说傣族大多数节日都与佛教信仰密切相关。

8-1 ◆傣族园

[dən⁵⁵hok⁵⁵xaŋ⁵⁵xaːn⁵⁵] "泼水节"

泼水节是傣历的新年，是一年中最盛大的节日，要欢庆三天。第一天称为"去日"，即旧年最末一天；第二天称为"空日"，即不是旧年也不是新年的日子；第三天称为"来日"，即新年第一天。泼水节在傣历6月初进行，公历为4月中旬，各勐过泼水节的时间会相差一两天，不过都在公历4月8日至22日之间，景洪的泼水节在4月13日至15日。新年期间，各家各户要杀猪宰牛，穿新衣，参加各种庆祝活动。活动内容丰富多彩，有听经滴水、堆沙塔、放土火箭、赛龙舟、斗鸡、赶摆等。

[xau¹³dɔk³⁵sɔ¹¹] "泼水粑粑"

用芭蕉叶包红糖糯米面蒸制而成，是泼水节必不可少的食品，味甜而糯，预示着新的一年甜甜蜜蜜。

[nɔ³⁵xum⁵⁵] "苦笋"

泼水节的时候，每家每户都要拿苦笋去赕给佛寺，希望新的一年像刚破土的苦笋一样，蒸蒸日上。

8-4 ◆曼迈龙

8-5 ◆曼迈龙

8-3 ◆曼迈龙

[tsaːi³⁵taːn⁵¹] "吃团圆饭"

新年的第一天中午，全家围坐在桌前，吃一顿丰盛的团圆饭。外出的人无论走多远，都要赶回家来吃团圆饭。除了丰盛的菜肴之外，饭桌上必不可少的就是"泼水粑粑"。

[ʔaːp³⁵nam¹¹pʰa⁵¹tsau¹³] "浴佛"

泼水节前夕，人们挑水到佛寺，由僧侣给佛像沐浴，大小佛像都清洗一遍，使其纤尘不染。随后寨中的老人与僧侣一起把佛寺内外打扫干净，佛寺中的器物也要擦洗干净，以迎接新年的到来。

8-2 ◆洼宽佛寺

8-6 ◆洼宽佛寺

[koŋ⁵⁵tʰat³³saːi⁵¹] "堆沙塔"

泼水节的第一天下午四五点钟，老人们要到佛寺的空地上堆沙子堆成塔形，沙塔正中一定要插上一棵竹子，以备赕佛时用。第二天早晨，所有人都到佛寺赕佛听经、滴水祈福。每户人家都把准备好的赕品放到沙塔上，并在沙塔上插几根蜡条，同时把事先剪好的纸人拴到竹子上，家里有几口人就拴几个纸人。一些老人会用白线把竹子跟佛寺的柱子连在一起，认为佛祖会保佑沙塔上所有的"人"。当地人认为，沙堆上的赕品是供奉给过往的游神鬼怪的，他们享用了赕品就会保佑全寨人平安。

8-9 ◆曼迈龙

[tsiʔ⁵⁵baŋ¹³fai⁵¹] "放土火箭"

新年的时候，每户人家都会购买至少一个土火箭到佛寺前专门的土火箭架上燃放，看着土火箭拖着长长的尾巴，呼啸腾空，每个人都感受到了新年的快乐。传说燃放土火箭是为了通知天神"帕雅晚"来过泼水节，帕雅晚收到消息后会叫风神、雨神、五谷神来过节，并保佑来年风调雨顺、五谷丰登。

[tɛŋ³⁵jɔŋ¹³xən³³mai³⁵] **"穿新衣"**

泼水节之前，男女老少都会备好新年的衣服。泼水节第二天一早，所有人都到佛寺里去听佛爷诵经滴水，回家后就换上新衣服，到镇上去赶摆。要好的朋友，尤其是女性，还会约好购买一模一样的新衣服，穿着一起去赶摆。

[xa¹³lɔ³³tsiŋ⁵¹xo⁵¹taːn⁵¹] **"抢赊品"**

泼水节的第二天一早，人们来到佛寺，把赊品摆在沙塔上，进寺听经。听经滴水结束，早已等候在寺外的哈尼族妇女就冲进来抢沙塔上的赊品，气氛很热闹。有的老人会把竹子和白线收起来带回家放到田地里，他们认为来年会获得更大的丰收。抢赊品是民族和谐互动，一起欢庆泼水节的一项活动。

景洪傣语

捌·节日

[hot⁵⁵nam¹¹] "泼水"

在节庆的第三天进行，勐罕镇的泼水活动以傣族园的泼水广场为中心，包括镇上的大路都可以互相泼水。早上由曼春满佛寺（镇中心佛寺）的佛爷诵经滴水，为全勐人民祈福。中午11点后天气开始炎热起来，大家开始互相泼水祝福。周围寨子里的青年男女都会涌到镇上泼水狂欢。泼水活动持续到下午4点左右，之后就不能泼了。

8-11◆勐罕镇渡口

[sɛu⁵¹hə⁵¹] "赛龙舟"

龙舟用铁椿木的板材制成。龙舟长 20—25 米，宽 1.5—1.8 米，板厚 2.5 厘米。龙头、龙齿雕成象牙形状，龙尾刻有孔雀羽毛，因此傣族龙舟又叫象牙龙舟。参加赛龙舟的选手为健壮的中青年。比赛的时候，划手 40 人分列龙舟两边持桨划水；舵手 4 人，其中 1 人双手紧握龙齿，后面 3 人紧握舟帮助掌舵，共同掌握龙舟的行进方向；舵手后面设锣手 1 人，用铓锣声指挥比赛的节奏。赛龙舟在澜沧江中进行，是泼水节第二天最重要的传统活动。由江边的寨子派队参加，男女队都尽情展现本寨的风采，江岸上呐喊助威的人不计其数，场面相当壮观。

8-12◆傣族园

8-10◆勐罕镇

[pɔi⁵¹] "赶摆"

"摆"是景洪傣族民间的一种庆祝活动，日期不固定，凡有庆典，无论大小都可以举行。泼水节第二天，镇上会举行盛大的"赶摆"活动，男女老幼穿着新衣，从四面八方涌来，看文艺表演、划龙舟、放土火箭、放礼花、吃美食，热闹非凡。

263

8-14 ◆曼春满

[ka³³la³³va³³] "嘎拉瓦"

关门节的第五天，中心佛寺举行信众向佛祖说"苏玛"_{对不起}的活动，称之为"嘎拉瓦"。佛爷诵经祝福，信众听经闻法，请求佛祖原谅过去一年犯下的错误。诵经滴水结束后，僧侣到佛寺外面的固定区域托钵化缘。

8-15 ◆曼迈龙

[su⁵⁵ma⁵¹kun⁵¹tʰau¹³] "苏玛老人"

"嘎拉瓦"结束后，寨子开始进行"苏玛老人"活动。每个人都要带着蜡条和一点钱去向直系家族中最年长者说"苏玛"，请求原谅这一年来自己做得不好的地方，长者会接受后辈的忏悔并祝福他们。

[xau¹³vat³³sa⁵⁵] "关门节"

传统的宗教节日，时间是傣历9月15日（公历7月中旬），这一天凌晨，佛爷升座诵经，信众到佛寺赕佛听经。从关门节开始，僧侣在佛寺中修行，信徒要定期到寺中拜佛听经闻法，青年男女停止恋爱结婚，贺新房等娱乐活动也要暂停。

8-13 ◆洼宽佛寺

[tok⁵⁵sin⁵⁵] "赕星"

是关门节期间定期举行的赕佛活动。寨子里的人们每隔7天轮流着赕佛一次。早上，轮到的人家要拿食物、蜡条、鲜花、钱币到佛寺做布施，并与佛寺里的僧侣一起用餐。下午，老人们聚到佛寺大殿里听佛爷讲经说法。

8-16 ◆洼宽佛寺

8-17◆曼春满

[ʔɔk³⁵vat³³sa⁵⁵]"开门节"

传统的宗教节日，时间是傣历12月15日（公历10月中旬）。这天一大早，人们会穿上新衣服，带上食物、鲜花、蜡条、钱币等，到佛寺里赕佛、听经、滴水、点蜡条。开门节的到来，证明三个月的斋戒期已满，可以进行谈恋爱、结婚、贺新房等活动。开门节除了赕佛、诵经、滴水之外，没有特别的庆祝活动。

8-18◆洼宽佛寺

[bu⁵⁵tsa⁵¹]"供佛"

将供品供奉给佛祖、神灵等的活动。供奉时除供品外一定要加上一对蜡条，以表达自己对佛祖、神灵的敬仰。

8-19◆曼迈龙

[ja:t³⁵nam¹¹] "滴水"

开门节、关门节、泼水节等重要节庆中的一种常见仪式。诵经的时候,佛爷往往以《三皈依》开始,以《滴水经》结束。《滴水经》念完,佛爷和听经的信众把事先准备好的清水缓缓倒入旁边的盆中,寓意为滴水祈福,健康平安。

[ten⁵¹] "蜡条"

节庆和祭祀时必不可少的物品。供奉或点燃蜡条,表示对神灵的敬畏。赠送礼物给长辈或僧侣时,通常要附上一对蜡条,以示尊敬。制作蜡条时,用小铁锅把蜂蜡加热成液体,将事先准备好的约30厘米长的白棉线放入锅中充分吸收蜂蜡后,取出放到木板上晾干,制成黄色的蜡条。专门装蜡条的盒子叫作 [kap⁵⁵ten⁵¹](图8-22),用薄篾片编成,长方形,刷漆防腐,以黑漆和清漆最为常见。到佛寺去的老人都会随身携带一盒蜡条,便于礼佛。

8-20◆曼迈龙

8-22◆曼迈龙

8-21◆勐海勐景莱

右侧竖排文字

四 赕塔节

8-23 ◆洼冤佛寺

[ta:n⁵¹tʰa:t³³] "赕塔节"

　　祭祀佛塔的节日。各寨举行的时间不一，大约在开门节后第一个月（公历 11 月）后陆续进行。赕塔的时候要敲锣打鼓地做"兰"，还有赶摆、放礼花、歌舞表演等活动，所以在人们心目中是一年中重要的节日。没有佛塔的寨子，有赕佛寺的节日，与赕塔的活动差不多。

[pɛŋ⁵⁵laːn⁵¹]"做兰"

"兰"的底部是用篾片和布做成的一条鱼或一匹马,背上驮着一座塔楼,四周用经幡、甘蔗、九翅豆蔻、竹子等装饰。意为鱼或马驮福而来,泽被苍生。"兰"的底座和塔楼是可以重复使用的。赕塔这天早晨,寨子里的老人来到佛寺取出底座和塔楼,开始做"兰"。

景洪傣语

捌·节日

8-27◆洼宽佛寺

[tsi⁵⁵koŋ⁵⁵no⁵⁵] "烧白柴"

去皮后的木柴称为白柴。过节之前，把白柴运到佛寺里晒干备用。赕塔这天，在佛寺前把白柴架成井字形，大约晚上10点多，点燃柴堆，熊熊大火把四周照亮，表明赕塔活动已近尾声。当地人说，烧白柴是为了纪念佛祖升天。

[lep³³tʰaːt³³] "绕塔"

赕塔节这一天，男女老幼都会来到佛寺，点燃手中的蜡条，绕塔三周，然后在塔前跪拜三次。祈求家人平安健康、村寨兴旺发达。

8-26◆洼宽佛寺

8-29 ◆曼春罕

[taːn⁵¹viˡˡsɛn⁵⁵taˡ⁵⁵la³³] "赊维先达拉"

　　《维先达拉》是记述佛祖释迦牟尼舍弃王位、财富，离开父母妻儿出家修行终成正果的佛教经典，常见的有十三卷，每年佛诞日都要吟咏讽诵，对当地的风俗习惯、宗教礼仪、日常生活都有重要影响。赊维先达拉既是 60 岁以上的老人为来世积福而进行的布施活动，也是最隆重的献经书仪式，主要内容是把《维先达拉》及金银财物敬献给佛寺，佛爷从头至尾把《维先达拉》念诵一遍，做赊的老人一直守候在诵经亭前点燃蜡条，盘腿静听，持续大约一天半时间。若有人赊维先达拉，全寨的献经节就在这一天进行。

[taːn⁵¹tʰam⁵¹] "献经节"

　　向佛寺敬献经书的传统宗教节日，在关门节期间择日进行。这一天，每户人家都要准备一册经书，连同蜡条、钱币、食物等赊品一起敬献给佛寺。

8-28 ◆曼乍

271

8-30◆曼乍

[hɔm⁵¹taːn⁵¹]**"助赕"**

如果有人家做重大的赕佛活动（如赕维先达拉），亲戚朋友来做客的时候，用一块傣锦包上一对蜡条和一定数量的钱币，送给做赕的主人，主人专门请老人接收并为助赕人念经祝福。

8-33◆曼乍

[xan⁵⁵tʰam⁵¹]**"经树"**

以前献经节的时候，每户人家要用竹子和纸做一棵"花功德树"，树脚放上贝叶经书，树干上拴满赕品。现在用水桶取代了"花树"，复印的纸张取代了贝叶经。

[xəŋ³³ʔu⁵⁵pa³³kaːn⁵⁵] **"护器"**

"赕维先达拉"的时候，要用木头做一个佛祖的宝座，宝座两边要插上银片做的战马、战象、刀、枪、戟等，作为护持佛祖的武器。

[xəŋ³³hɛ³⁵pʰa³³tsau¹³] **"法器"**

在"赕维先达拉"的活动中，常常会敬献木头做的刀、枪、剑、戟等法器给佛寺。法器的刃漆成金色，把儿为红色和金色相间。法器放在大殿里，护佑佛祖。

8-36 ◆曼乍

[xau¹³xop³³] "米花糖"

在一个方形的木盆里放满米花，用红糖加水熬成糖稀，均匀地浇在米花上，待冷却后，红糖把米花粘在一起，用刀切成方块即成"米花糖"，是"赕维先达拉"必不可少的食品。来参加"赕维先达拉"的亲友一定要品尝一块，还要拿一些去赕给佛寺。当地人认为，做赕的人吃了米花糖来世的生活会像米花糖一样甜美。

[tsɔŋ¹³xwɛn⁵⁵xo⁵¹] "财伞"

赕佛时，贵重的物品常常挂在一把伞的伞骨上，称为"财伞"。"赕维先达拉"时的贵重物品很丰富，有钱币、银碗、银盒、金项链、金元宝等，财伞要用一根竹竿高高撑起，以彰显主人乐善好施的品德。

8-35 ◆曼乍

中国语言文化典藏

8-34◆曼乍

[nɔŋ⁵⁵sa⁵⁵la⁵⁵]**"湖"**

"维先达拉"属于本生经故事,讲述佛祖投胎为不同的人或动物,历经无数劫难,悟道成佛的经历。在"赕维先达拉"的时候,在佛祖的宝座前放一盆水,放上几片荷叶和水草,称之为"水清澈的湖",意为佛祖到此"湖"中沐浴,是经书中情境的创设。

8-37◆曼迈龙

[pʰa⁵⁵saːt³⁵]**"塔楼"**

用竹子和木头制作而成。把一根竹竿的大头剖成四瓣,用竹片撑开成"十"字形,作为底座,竹片上可压砖石固定。用竹片和木片在竹竿上由大到小,由低到高,依次做九层方形的塔身,再用各种彩纸装饰塔身和塔尖。放在大殿中,用于赕塔、"赕维先达拉"、佛爷晋升等重要活动中,有祥瑞之意。

　　本章包括口彩禁忌、俗语谚语、歌谣、故事四个部分。为了展现景洪傣族语言文化的完整性和独特魅力，我们把这些纯语言类的语言文化现象集中收录于此。

　　口彩即吉利的话，讨口彩即向他人讨要吉利话。傣族的口彩比较丰富，有的特别短小，只有四个音节，如 [ju^{35}di^{55}kin^{55}vaːn^{55}]"吉祥如意"、[haŋ^{33}mi^{51}pin^{55}di^{55}]"财源广进"等；有的比较长，例如贺新房抬猪头上楼时的口彩、立锅桩的口彩、结婚拴线的口彩等，一段固定的韵文，从主持人口中流利地吟诵出来，说的人起劲，听的人高兴，增添了许多喜庆的气氛。

　　禁忌语是在某些场合需要避讳的词汇或句子，用于替代禁忌语的话语称为婉辞或委婉语。景洪傣语的禁忌语不多，主要是对吃喝拉撒及身体部位有一些避俗求雅的说法。

　　景洪傣语中的俗语谚语内容较多，大致按顺口溜、谚语、谜语的顺序排列。这些俗语谚语是傣族人民智慧的结晶，在老百姓生产生活中世代相传，为人们喜闻乐道，许多俗语谚语成为人们处世的准则，涉及生活、农业、气象、人生哲理、道德修养等

多个方面。这些俗语谚语大多押韵，朗朗上口，有的还被本民族的知识分子收集起来，写在贝叶经中。

以前景洪的傣族地区，田间地头时常飘荡着劳动的山歌，男女青年恋爱也常常靠情歌来打动对方。村寨里活跃着本民族的传统歌手"章哈"，他们能够按照一个固定的唱腔，利用比兴手法，在笛子的伴奏下，"出口成歌"，唱上几天几夜。本章收录了依啦嘿、章哈调、凤凰情歌三种典型唱腔的歌曲各一首。

景洪傣族寨子里的老年男性，几乎每一个都是讲故事的能手，一方面是他们年轻时候到佛寺里学习，傣族经书里就记载有许多佛本生经故事和民间故事；另一方面，每年关门节期间，每隔 7 天赕星的时候，老人们都会在那一天下午去佛寺听佛爷诵经。赕星时诵读的经文，都是佛经故事或民间故事，而且每年都要更新，否则听经的人就提不起兴趣。

本章不收图片，体例上也与其他各章有所不同。其中俗语谚语、歌谣、故事几部分大致上按句分行，每句按国际音标、汉语直译、汉语意译依次排列。

1. ju³⁵ di⁵⁵ kin⁵⁵ va:n⁵⁵

   住　好　吃　甜

   吉祥如意

   见面时文雅的祝福语。

2. suk⁵⁵xaŋ⁵⁵　　pa³³laŋ⁵¹

   幸福　　　全部

   万事如意

   过泼水节时的吉利话。

3. pai⁵⁵ di⁵⁵ ma⁵¹ lɔt³³,　pai⁵⁵ pɔt³⁵ ma⁵¹ ŋa:m⁵¹.

   去　好　来　好　去　好　来　美

   顺顺利利

   祝福外出的人时说的吉利话。

4. pɔ³³me³³ hɛi⁵¹, ja:m⁵¹ni⁵¹ pin⁵⁵ ja:m⁵¹ tsok³³tsai⁵¹ lai⁵⁵ xuun¹³ pin⁵⁵ ja:m⁵¹ ka¹¹jɔn¹¹xa:i⁵⁵man⁵⁵

   父母　啊　现在　　是　时候　好运气　流上　成　时候　财源滚滚

   xɔi¹³ lɛ³³ka⁵¹? tsau¹³va⁵¹hɔi⁵¹　xam⁵¹va¹¹hɔi⁵¹!

   我　了吗　主人　啊　　金子　啊

   父母啊，现在是让我们财源滚滚、生意兴隆的好时辰了吗？尊贵的主人啊！

   贺新房抬猪头上楼时说的口彩。

5. nam^{11} bau^{35} tak^{55} kɔ^{11} lai^{55}laŋ^{35} ma^{51} mɔ^{13}, xau^{13} bau^{35} tɔ^{11} kɔ^{11} lai^{55}laŋ^{35} ma^{51} je^{51}.

水　不　挑　就　流　　来　水缸　米　不　运　就　流　　来　仓

水不用挑，就流到水缸里；米不用挑，就流到粮仓里。

贺新房时祝福主人的吉利话。

6. tok^{55} nam^{11} bau^{35} lai^{55}, tok^{55} fai^{51} bau^{35} mai^{35}.

掉落水　不　流　掉落火　不　　烧

掉到水里冲不走，掉到火里火不烧。

祝福新婚夫妇时说的祝福语。

7. ka^{13}　jɔn^{11}　xaːi^{55}　maːn^{55}

做生意　赚　卖　吉祥

生意兴隆

做生意开张时，客人祝福主人的吉祥语。

8. nai^{51} nam^{11} mi^{51} pa^{55}, nai^{51} na^{51} mi^{51} xau^{13}.

里　水　有　鱼　里　田　有　粮

年年有余

贺新房、过泼水节时祝福主人的口彩。在祭祀活动中求祖先或神灵保佑时也常说。

9. xau^{13} na^{55} pa^{55} t^{h}uk^{35}

粮　厚　鱼　便宜

蒸蒸日上

贺新房、过泼水节时祝福主人的口彩。在祭祀活动中求祖先或神灵保佑时也常说。

10. tsok^{33}tsai^{51}　lai^{55}　xɯn^{13}

好运气　　流　上

好运不断

日常祝福语。

11. haŋ³³ mi⁵¹ pin⁵⁵ di⁵⁵
　　富　　有　　成　　好

财源广进

　　做生意开张时，客人祝福主人的吉祥语。

12. nə¹¹to⁵⁵ ka⁵⁵ja⁵¹ ken³⁵xan⁵⁵
　　身体　　身体　　健康

身体健康（前一个"身体"是傣语词，后一个"身体"是巴利语借词，合成四字格，有典雅的语体色彩）

　　拜访老人时，祝福老人身体健康。

13. ʔa⁵¹ju³³ man¹³ken³⁵
　　年纪　　坚固

健康长寿

　　对老人说的祝福语。

14. ʔa⁵¹ju³³ jɯn⁵¹jaːu⁵¹
　　年纪　　长久

万寿无疆

　　对老人说的祝福语。

15. ʔa⁵¹ju³³ tsɛn⁵⁵maːn⁵¹
　　年纪　　长寿

寿比南山

　　对老人说的祝福语。

16. tsup³⁵ sa⁵⁵xai⁵¹ xɔt³⁵ hɯ¹³ luk³³ to⁵⁵di⁵⁵
　　舔　　香茅草　结　给　孩子　美丽

舔香茅草结生出来的孩子漂亮

　　教育女孩的话。香茅草是傣族地区的一种香作料，常用于烤鱼。

17. mi⁵¹　tɔŋ¹¹　ju³⁵ nak⁵⁵
　　有　肚子　在 重

　　有喜

　　　怀孕的委婉语。

18. saːŋ¹³　bun⁵⁵　ni¹¹paːn⁵¹
　　僧人　福气　涅槃

　　僧人的去世

　　　僧人去世的婉称。

19. nɔn⁵¹　hɛ⁵¹
　　睡　绸缎

　　领主、土司等的去世

　　　领主、土司去世的婉称。

20. bau³⁵　di⁵⁵　ju³⁵
　　不　好　在

　　生病

　　　生病的婉称。

17. mi^{51}　$tɔŋ^{11}$　ju^{35} nak^{55}
　　有　肚子　在 重

　　有喜

　　　怀孕的委婉语。

18. $saːŋ^{13}$　bun^{55}　$ni^{11}paːn^{51}$
　　僧人　福气　涅槃

　　僧人的去世

　　　僧人去世的婉称。

19. $nɔn^{51}$　$hɛ^{51}$
　　睡　绸缎

　　领主、土司等的去世

　　　领主、土司去世的婉称。

20. bau^{35}　di^{55}　ju^{35}
　　不　好　在

　　生病

　　　生病的婉称。

（一）顺口溜

1. tak⁵⁵ tɛn⁵⁵ ta:i⁵⁵ tok⁵⁵ tuɯ¹³ ta:n⁵⁵.
   蝗虫　死　落　糖棕树

   蝗虫死在糖棕树上。

2. lət³³ jen³⁵ ja:t³⁵ jɔt³³ la:n⁵¹.
   血　黄鳝　滴　芽　贝叶

   黄鳝血滴在贝叶嫩芽上。

3. ʔi⁵⁵ pi⁵⁵ ʔɔi¹³ kɔi¹³ sɔi¹³sɛm³³ ho⁵⁵ mɛ³³ mɯ⁵¹, tɯ⁵¹ tsin¹¹ tɯ⁵¹ pa⁵⁵ xa⁵⁵kai³⁵,
   点　点　豆豆　　大拇指　带着肉　带着鱼　鸡腿

   lɛu⁵¹tʰɛp⁵⁵ mɔp³³ mɔp³³ na¹³ tsit⁵⁵.
   长刀　　揮　捂　脸（语气词）

   点点豆豆手指头，带着肉、鱼、鸡大腿，长刀挥来快捂脸。

（二）谚语

1. ʔau⁵⁵kan⁵⁵ pɯt³⁵na⁵¹, pa⁵¹kan⁵⁵ het³³na⁵¹.
   一起　开田　一起　做田

   同心开地，协力种田。

2. ka:n⁵⁵ puk³⁵na⁵¹ tsam⁵¹ka¹³, ve⁵¹la⁵¹ la¹³ bau³⁵ di⁵⁵.
　 事　 种田　 插秧　　 时间 晚 不　好

　　育秧种田事，时间不能误。

3. xau¹³ na⁵¹ ləŋ⁵⁵, pʰai³³məŋ⁵¹ jəm⁵¹.
　 谷　田 黄　 百姓　　 欢

　　谷子黄，百姓欢。

4. xai³³ huu¹³ xau¹³ma:k³³ di⁵⁵, huu¹³ ba:i⁵⁵ di⁵⁵ sa:m⁵⁵lu³³.
　 想　 给　 谷子　　 好　 要 薅　 好 三　 道

　　想要谷子长得好，最好要薅三道草。

5. son⁵⁵ di⁵⁵ pə³³ pʰu¹³ xak⁵⁵, pʰak⁵⁵ di⁵⁵ pə³³ pʰu⁵⁵ puk³⁵.
　 园　 好 因 人 勤快　 菜　 好 因 人　 种

　　好园靠人勤，好菜靠人种。

6. ju³⁵ hai³³ xap⁵⁵ ka⁵⁵, ju³⁵ na⁵¹ tsam⁵¹ka¹³.
　 在 山地　撵　 乌鸦　在 田间　育苗

　　在山地撵乌鸦，在田间育苗。

7. dən⁵⁵sa:m⁵⁵ bau³⁵ ka¹³, dən⁵⁵ha¹³ məŋ⁵¹ mo⁵¹.
　 月　三　　 不　强　　月　五 地方　浑浊

　　三月晴，五月阴。

8. dən⁵⁵sip⁵⁵ʔet⁵⁵ nam¹¹ nɔŋ⁵¹, dən⁵⁵sip⁵⁵sɔŋ⁵⁵ nam¹¹ jɔp³³.
　 月　十 一　　 水　泛滥　 月 十 二　　　水　 衰

　　十一月涨水，十二月退潮。

9. fun⁵⁵ dən⁵⁵pet³⁵, det³⁵ dən⁵⁵kau¹³.
　 雨　 月 八　 晴　月 九

　　八月的雨，九月的太阳。

10. fun⁵⁵ dən⁵⁵sa:m⁵⁵ bau³⁵ lɔt³³ ja¹³, fun⁵⁵ dən⁵⁵ha¹³ bau³⁵ lɔt³³ jum⁵¹ lɔt³³ xə⁵¹.
　 雨　 月 三　　 不　 穿 草　 雨　 月 五　 不　 穿 丛草 穿 藤子

　　三月的雨不会湿草头，五月的雨不会穿草丛。

11. fa¹¹ bau³⁵ hɔŋ¹¹ dən⁵⁵sa:m⁵⁵, fa¹¹ bau³⁵ xaŋ⁵¹ dən⁵⁵si³⁵.
　天　不　叫　月　三　　天　不　鸣　月　四

　　三月不打雷，四月无雷声。

12. məŋ⁵¹hɔn¹¹ mi⁵¹ pa³⁵ja:ŋ⁵⁵, məŋ⁵¹nau⁵⁵ mi⁵¹ son⁵⁵la¹¹.
　地方热　有　林橡胶　地方冷　有　园茶

　　热的地方有胶林，冷的地方有茶园。

13. ʔa:i¹³ laŋ⁵¹kan⁵¹, kin⁵⁵ man⁵¹ho⁵⁵ tsɔŋ¹¹.
　男人　懒　　吃　薯头　狭窄

　　一个懒汉，红薯当饭吃。

14. ʔau⁵⁵ ti³³suŋ⁵⁵, jɔn¹³　ti³³tɛm³⁵.
　拿　地方高　填　　地方矮

　　取高处土，填低处坑。

15. ta⁵⁵　jai³⁵ lə⁵⁵ tɔŋ¹¹.
　眼　大　比　肚

　　眼大肚小，意为因贪心而浪费食物、钱财等。

16. ʔot⁵⁵ tok³³ dai¹³ kin⁵⁵ va:n⁵⁵, ʔot⁵⁵ pʰa:n⁵⁵ dai¹³ nɔn⁵¹ ʔun³⁵.
　忍　苦　得　吃　甜　忍　贫　得　睡　暖

　　吃苦在前，享受在后。

17. kai³⁵ nam⁵⁵ pə³⁵ xun⁵⁵, kun⁵¹ nam⁵⁵ pə³⁵　jɔn¹³.
　鸡　美　靠　羽毛　人　美　靠　打扮

　　鸡美靠羽毛，人美靠打扮。

18. kau¹³ lau¹³ sip⁵⁵ lau¹³ bau³⁵tɔ³³ lau¹³ dən⁵⁵tseŋ⁵⁵.
　九　酒　十　酒　不如　　酒　正　月

　　好酒好不过正月的酒。

19. kin⁵⁵ mə³³ja:m⁵¹ hɔn¹¹, fɔn¹¹ mə³³ja:m⁵¹ mau⁵¹.
　吃　时　　热　跳　时　　醉

　　趁热时吃，趁醉时跳。

20. kin⁵⁵nam¹¹ bau³⁵ lɯm⁵¹ bɔ³⁵, kin⁵⁵ tɔ³⁵ bau³⁵lɯm⁵¹ pʰu¹³ to⁵⁵ ʔau⁵⁵.
　　喝水　　不　忘　井　　吃蜂　不　忘　　人　个　拿

　　喝水不忘挖井人，吃蜂不忘捕蜂人。

21. kin⁵⁵xau¹³ kɯt³³hu¹¹ luk³³, kin⁵⁵duk³⁵ kɯt³³hu¹¹ ma⁵⁵.
　　吃饭　　想到　　孩子　啃骨头　想到　　狗

　　吃饭想到儿女，啃骨头想到狗。

22. xau¹³ ba:n¹³ hɯ¹³ tsap⁵⁵ pəŋ⁵⁵, xau¹³ məŋ⁵¹ hɯ¹³ tsap⁵⁵ hit³³.
　　进　寨　要　符合　规则　进　勐　要　符合　法

　　进寨要符合寨规，进勐要符合勐法。

23. kun⁵¹haŋ³³ kin⁵⁵ kə⁵⁵tsa:ŋ⁵⁵, kun⁵¹pʰa:n⁵⁵ kin⁵⁵ kə⁵⁵tsim⁵¹.
　　人　富　　吃　盐　淡　　人　穷　　吃　盐　咸

　　富人吃淡，穷人吃咸。

24. ʔu¹³　kun⁵¹hu¹¹ mən⁵⁵ ku¹¹ ka:i⁵⁵ daŋ⁵⁵.
　　聊天　智者　　　如　麝香　经过　鼻子

　　与智者聊天如闻到麝香。

25. ka:i⁵⁵ na¹³ tsau¹³　hɯ¹³ jɔŋ³⁵ tun⁵⁵, ka:i⁵⁵ na¹³ xun⁵⁵　hɯ¹³ nep⁵⁵ sin¹³sə¹³.
　　经过　脸　召(土司)　要　弯　腰　经过　脸　头人　要　按住　衣裙

　　从土司面前过要弯腰，从头人面前过要按住衣裙。

26. ʔa:p³⁵nam¹¹ hu¹¹ nau⁵⁵, pin⁵⁵ sa:u⁵⁵ hu¹¹ ka:i³³.
　　洗澡　　知　冷　当　姑娘　知　出嫁

　　洗澡知冷，当姑娘知出嫁。

27. sa:ŋ¹³ tsu¹¹　hɯ¹³ ʔot⁵⁵tsai⁵⁵, hak³³　tsu¹¹　hɯ¹³ tʰɛm⁵⁵ xɔŋ⁵⁵fa:k³⁵.
　　追求　对象　要　耐心　　喜欢　对象　要　添　　礼物

　　追求爱情要耐心，喜欢姑娘要送礼。

28. kam⁵¹tai⁵¹ bau³⁵ put⁵⁵xa:t³⁵, tsə¹¹tsa:t³³ bau³⁵ tsa:ŋ³³ ha:i⁵⁵.
　　话　傣　不　断绝　　　族系　不　会　消失

　　傣语不断绝，族系不会消失。

29. sip^{55} be^{13} ju^{35} faːk^{35}ta^{33}, bau^{35}tɔ^{33} ha^{13} be^{13} ju^{35} fa^{35}mɯ^{51}.

十 贝壳 在 对岸 不如 五 贝壳 在 手掌

河对岸十个贝壳，不如在手五个贝壳。

30. ja^{35} sai^{35} ku^{55} mɯŋ^{51} hɯ^{13} tu^{33}p^{h}a^{33}，ja^{35} la^{33} luk^{33} pin^{55} p^{h}aːn^{55}.

不要 称 我 你 给 僧侣 不要 弃 儿 变 穷

不要称僧侣为你我，不要抛弃自己的儿女使他们变成穷人。（ku^{55} 是尊称，mɯŋ^{51} 是鄙称，对僧侣应用敬称。）

（三）谜语

1. p^{h}ak^{55} saŋ^{55} lɛ^{33} mat^{33} bau^{35} man^{13}—p^{h}ak^{55}la^{55}

菜 什 么 捆 不 稳 臭菜

什么菜捆不住？——臭菜野生蔬菜，羽叶金合欢，其味道难闻

2. kin^{55} nɔk^{33} pɔk^{35} nai^{51}—tɛp^{55}tai^{55}

吃 外面 剥 里面 鸡胗

什么东西吃外面的，剥掉里面的？——鸡胗

3. soi^{33} bau^{35} mot^{55}—t^{h}o^{35}din^{55}

洗 不 干净 豆 泥

什么豆洗不干净？——泥豆花生

三 歌谣

（一）童谣

1. xam³³ moŋ⁵¹moŋ⁵¹ pʰi⁵⁵pʰoŋ⁵¹ ʔɛu³⁵ baːn¹³,
　夜晚 黑蒙蒙　　鬼怪　　　游玩　村寨

　　天黑了，鬼怪到寨子里玩，

　tsaːn¹³xaːn¹³ ju³⁵ ho⁵⁵ dai⁵⁵.
　一摇一摆　在　头　楼梯

　　在楼梯口一摇一摆。

2. ʔɔi³⁵ mu⁵⁵ ʔɔi³⁵ mot³³,
　喂　猪　喂　蚂蚁

　　喂猪喂蚂蚁，

　tu⁵⁵ ʔau⁵⁵ sum¹³tsin¹¹ sum¹³pa⁵⁵ ma⁵¹ ʔɔi³⁵,
　我们 拿　酸　肉　酸　鱼　来　喂

　　我们拿酸肉酸鱼来喂，

　kan⁵¹ bau³⁵ ma⁵¹ ʔau⁵⁵ kɔ¹¹ di³⁵ ʔau⁵⁵ paːi³³ lɛ³³nə⁵¹.
　如果 不　来　拿　就　要　拿　离开 了

　　如果不出来拿我们就带走了。

3. dən⁵⁵ həi⁵¹ dən⁵⁵ daːu⁵⁵ həi⁵¹ daːu⁵⁵,
　星星 啊　星星 月亮　啊　月亮

　　星星啊，月亮啊，

　daːu⁵⁵ sak⁵⁵ tau¹¹ xau¹³ hu⁵¹,
　月亮 插　拐杖　进　洞

　　月亮拄着拐杖进入洞中，

289

景洪傣语　｜　玖·说唱表演

nu⁵⁵　bɛk³⁵　xwaːn⁵⁵,
老鼠　扛　　斧头

　　老鼠扛斧头，

nok³³　laːn⁵¹　mai¹¹,
鸟　　砍　　树枝

　　鸟儿砍树枝，

nok³³　ʔeŋ³⁵kan⁵⁵　sai³⁵　pʰak⁵⁵,
鸟　　比赛　　摘　　菜

　　鸟儿比赛摘菜，

nok³³vak⁵⁵　pai⁵⁵　tʰai⁵⁵　na⁵¹,
鹭鸶　　去　　犁　　田

　　鹭鸶去犁田，

mɛ³³kaːn⁵¹xa⁵¹　haːp³⁵　ka¹³,
虫子　　　　扛　　稻苗

　　虫子扛稻苗，

ma¹¹nɔi¹¹　pai⁵⁵　taŋ³⁵　kə⁵⁵,
马　小　　去　　驮　　盐巴

　　小马去驮盐，

saːu⁵⁵　məŋ⁵¹　nə⁵⁵　xai³³　dai¹³,　saːu⁵⁵　baːn¹³　tai¹³　bau³⁵　vaːŋ⁵¹.
姑娘　勐　上方　想　得到　姑娘　寨子　下方　不　放开

　　北方的小姑娘想要，南方的小姑娘们不愿意放手。

（二）民歌

1. 依啦嘿

ʔe⁵⁵la⁵¹həi⁵⁵　ʔe⁵⁵la⁵¹həi⁵¹,
依啦 嘿　　依啦 嘿

　依啦嘿，依啦嘿，

baŋ¹³fai⁵¹　loŋ⁵⁵　baŋ¹³fai⁵¹　ja:u⁵¹　ja:u⁵¹　ʔa:t³³ʔa:u¹¹,
土火箭　大　　土火箭　　长　　长　　绵延的

　大土火箭啊，长土火箭，绵延的长土火箭，

jok³³　xɯn¹³　ka:ŋ¹¹　pai⁵⁵　ju³⁵　so⁴¹ʔo⁴¹,
抬　　上　　架子　去　　在　（形容摆放整齐的样子）

　抬到架子上放置，

tsiʔ⁵⁵　pai⁵¹ho⁵⁵ni³³　fai⁵¹　bau³⁵　ka¹³,
点　　首部　呢　火　不　烈

　点的火不烈，

tsiʔ⁵⁵　xɯn¹³　fa¹¹　seŋ⁵⁵　ka³⁵　ka:ŋ⁵⁵ha:u⁵⁵,
冲　　上　　天　声音　强　天空

　冲上天的声音满云霄，

seŋ⁵⁵　man⁵¹　nɛn⁵¹　sa³³sa:u¹¹　ha:k³⁵　nɛn⁵¹　xui¹¹kau⁵⁵,
声音　它　　响　　沙哨　　　是　　响　　回声

　它的声音"沙哨"地回响着，

lum⁵¹　pan³⁵　xau¹³seŋ⁵⁵xui³⁵　nɛn⁵¹　nəŋ⁵¹,
风　　进　　回声　　　　响　　多

　风卷进（土火箭筒）回声沸腾，

man⁵¹ tsak⁵⁵ va:i³⁵luk³³ ni³³　tok⁵⁵ sai³⁵ pʰɛn³⁵din⁵⁵ kɛu¹³,
它　将　往下　呢　掉　进　大地　圣洁

它将往下掉到圣洁的大地。

kun⁵¹ laŋ³⁵ xau¹³ pai⁵⁵ kep⁵⁵ ʔau⁵⁵ma⁵¹,
人　蹿进去　捡　拿来

人蹿进去捡回来，

ni³³tʰa:i⁵⁵ ʔa:t³⁵ja⁵¹ ni³³　xɔ⁵⁵　pan⁵⁵ma⁵¹ ni³³　pʰa¹³ tsɔŋ³⁵ nɔi¹¹,
按　习俗　呢　求　送来　呢　巾　块　小

根据习俗呢，去向王求赠送东西呢，求来的沉甸甸的小方巾啊，

hau⁵¹　dai¹³　van⁵⁵xɔ⁵⁵　ma:k³⁵ saŋ⁵⁵　xɔ⁵⁵　ni³³　xɔ⁵⁵ vin¹¹ vai¹¹,
我们　得到　围脖子　果子　什么　求　呢　求　串　留着

我们拿过来围脖子，求来的果子呀要串起来，

hau⁵¹　bau³⁵ xai³³ dai¹³　kap³⁵ pok³⁵ mi⁵¹ ka:i⁵¹,
我们　不　想　得到　壳　竹　有　毛

笋壳有毛碰着会痒，我们不想要，

ka:i⁵⁵ ha:ŋ¹¹ sa:u⁵⁵ xɔ⁵⁵ vɔn⁵¹ tɔ³⁵ tsau¹³,
碰到　离婚　姑娘　求　恳请　对　王

碰到离了婚的小姑娘，恳请王赠与我们呀，

fɔn¹¹ taŋ⁵¹ tʰau¹³ fɔn¹¹ taŋ⁵¹ num³⁵　na¹³ta⁵⁵ tsum³³ saʔ⁵⁵pən³³ dɔk³⁵bo⁵⁵ va:n⁵⁵,
跳　全部　老的　跳　全部　年轻的　面容　润　好像　荷花　甜

男女老少一起来跳舞，笑容满面好似香甜的荷花，

xɔ⁵⁵ hap³³ ta:n⁵¹ ni³³ tsin¹¹kai³⁵ tum¹³ kap⁵⁵ xau¹³num⁵¹ xa:u⁵⁵,
求　接受　恩赐　呢　鸡　肉　煮　和　米线　白

祈求得到煮鸡肉和白米线，

lɛ³³ nə⁵¹ nə⁵¹ nə⁵¹ nə⁵¹ hu⁵¹ hu⁵¹.
呵 呀 呀 呀 呀 呜 呜

哎呀哎呀！

（波么保吟唱，2018 年 4 月 24 日）

2. 章哈调

ʔoi⁵⁵nə⁵¹ kɔ¹¹ sɔi¹³ kaːp³⁵pi⁵⁵ to⁵⁵di⁵⁵ num³⁵sɔ⁵¹lɔ⁵¹ pi³³① həi⁵¹,
哎呀 也 穗子 芭蕉花 貌美 青春 哥哥 啊

哎呀，芭蕉花般青春貌美的妹妹啊，

kan⁵¹va³³ nɔŋ¹¹lɛ³³ hak³³ ʔaːi¹³ lɛ³³ tsai⁵⁵ pi³³ hei³⁵ suŋ⁵⁵ naːŋ⁵¹ həi³⁵,
如果 小妹 爱 哥哥 心 哥哥 呀 高 妹妹 啊

如果妹妹爱慕哥哥，正合哥哥心意，

kan⁵¹va³³ naːŋ⁵¹ hak³³ ʔaːi¹³pi³³ tɛ¹¹ kɔ¹¹ kɔi³³ sak⁵⁵ kam⁵¹ ma⁵¹ tɔ⁴¹ nə⁵¹,
如果 妹妹 爱 哥哥 真心 就 把 带 话 来 好 呀

若是妹妹真心爱慕哥哥，就把话带来吧，

pi³³ hak³³ pɛŋ⁵¹ tsɛn⁵⁵da⁵⁵ kɔ¹¹ ʔau⁵⁵ kam⁵¹ mə⁵¹ la¹³lɛ³³ nə⁵¹.
哥哥 将 做 檀香 再 用 话 去 后面 呢

哥哥将会用最美的话语回复你呢。

（波么保吟唱，2018 年 4 月 24 日）

---

① 此处为吟唱者口误，应为 naːŋ⁵¹（妹妹）。

景洪傣语

玖·说唱表演

3. 凤凰情歌

ʔoi⁵⁵nɔ⁵¹ nɔŋ¹¹ saŋ³⁵ huŋ⁵⁵ saŋ⁵⁵ bau³⁵ hən⁵⁵ ni³³?
哎呀　妹妹　呼唤　凤凰　为什么　不　答应　呢

　哎呀，妹妹呼唤凤凰，为什么凤凰不答应？

nɔŋ¹¹ saŋ³⁵ dən⁵⁵ saŋ⁵⁵ bau³⁵ teu⁵¹ ma⁵¹ kai¹³?
妹妹　呼唤　月亮　为什么　不　走　来　近

　妹妹呼唤月亮，为什么月亮不走近？

nɔŋ¹¹ saŋ³⁵ ŋau¹³ dɔk³⁵mai¹¹ ni³³ saŋ⁵⁵ lɛ³³ bau³⁵ ʔɔk³⁵ hən⁵¹ ma⁵¹?
妹妹　呼唤　花蕊　花朵　呢　为什么　不　出　家　来

　妹妹呼唤簇簇花丛，为什么不走出家来？

pi³³ ni³³ ma⁵¹ naŋ³³ tʰa¹³ la¹³mɛ³³nɔi¹¹ ni⁵¹ tɔŋ⁵⁵ ho³⁵ xau¹³ pɔ⁵¹ daːi⁵⁵ lən⁵⁵ ni³³,
哥哥　呢　来　坐　等　妹妹　呢　芭蕉叶包　饭　都　白白地　黄　了

　哥哥坐着等妹妹来，包米饭的芭蕉叶都变黄了，

tɔŋ⁵⁵ ho³⁵ kə⁵⁵ pɔ⁵¹ maːn¹¹,
芭蕉叶包　盐巴　都　黑

　包盐巴的芭蕉叶都变黑了，

tɔŋ⁵⁵ ho³⁵ xau¹³ pɔ⁵¹ maːn¹¹ heu³⁵ lum⁵¹,
芭蕉叶包　米饭　都　黑　皱　空气

　包米饭的芭蕉叶都被风吹得又黑又皱，

kɔ¹¹ ʔoi¹³ nɔi¹¹ həi⁵⁵ mɛ³³ lɛ³³ pʰa⁵⁵saːt³⁵ piu⁵⁵va¹¹ lum⁵¹ həi⁵¹.
个　糖　小　啊　母亲　与　房子　飘飘的　风　啊

　我亲爱的小甜心，飘飘若仙的妹妹啊。

（波么保吟唱，2018 年 4 月 24 日）

四 故事

1. 波然和咩然

ni³³　te³⁵　mə³³nan¹¹　ni³³　tso³³　kun⁵¹tʰau¹³　ni³³　pən³³　　mi⁵¹　jaŋ⁵¹mi⁵¹　pɔ³³ja:n⁵¹　mɛ³³ja:n⁵¹ni³³,
呢　从　以前　呢　辈　老人　　呢　别人　有　还有　　波然　咩然　呢

mi⁵¹　luk³³　vai¹¹　si³⁵　kun⁵¹　ni³³,　ʔə⁵¹,　bau³⁵tsaŋ⁵⁵　het³³　saŋ⁵⁵　kɔ¹¹,　　mi⁵¹　hən⁵¹　ni³³　pin⁵⁵　hən⁵¹
有　孩子　着　四　个　呢　嗯　不会　　做　什么　就　　有　房子　呢　是　房子

kun⁵¹tʰau¹³　pin⁵⁵　hən⁵¹　xa⁵¹　ni³³　lu⁵⁵　lu⁵⁵　la⁵⁵　la⁵⁵　ni³³　lɛ³³,　　mɛ⁵⁵ja:n⁵¹　va³³　pɔ³³　ja:n⁵¹　həi³⁵　hau⁵¹　ni³³
老人　　是　茅草房　呢　破破烂烂的　然后　　咩然　说　波然　啊　我们　呢

luk³³　kɔ¹¹　mi⁵¹　vai¹¹　si³⁵　kun⁵¹,　tok³³　kɔ¹¹　tok³³　tɛ¹¹　ki⁵⁵　ni³³,　　　hən⁵¹　kɔ¹¹　lu⁵⁵　lu⁵⁵　la⁵⁵　la⁵⁵
孩子　也　有　着　四　个　　穷　也　穷　确实（语气词）房子　也　破破烂烂的

sam¹¹　tʰi⁵⁵　ni³³,　　pən³³pai⁵¹　pai⁵⁵　hɛm⁵¹　mai¹¹　hɛm⁵¹　tok³⁵　kɔ¹¹　pai⁵⁵　ʔɛp⁵⁵　pən³³　pai⁵⁵
都（语气词）人家　去　守　树　守　竹　也　去　一起　别人　去

ʔau⁵⁵ʔan⁵¹　pai⁵⁵　hɛm⁵¹　tok³⁵　pok³³　ma⁵¹　ma⁵¹　pɛŋ⁵⁵　hən⁵¹　sau⁵⁵haŋ¹¹　kaŋ¹¹ŋam³³　lɛ³³,　tso⁵¹　luk³³
拿　去　守　竹　回　来　来　建　房　柱子　木头　然后　带　孩子

tso⁵¹　me⁵¹　ju³⁵　di⁵⁵　ka⁵¹ʔ　ni³³　kam⁵¹tʰa³⁵ni¹¹　ni³³,　ʔə⁵¹tʰɛ⁵⁵　lɛ³³　mɛ⁵⁵　ja:n⁵¹　həi⁵⁵,　kan⁵¹　lɛ³³　mɯŋ⁵¹
带　妻子　住　好　吧　呢　这下子　呢　答应　了　咩然　啊　如果　了　你

lɛ³³　mɯŋ⁵¹　lɛ³³　tʰuŋ¹¹ji³⁵　kɔ¹¹　haŋ¹³　xuŋ⁵¹　haŋ¹³　xiŋ¹¹haŋ¹³ho⁵¹　huɯ¹³　ku⁵⁵　dɔ⁵¹.　di⁵⁵　mə⁵¹　hɛm⁵¹　mai¹¹
了　你　了　同意　就　准备　行李　　给　我　吧　要　去　守　木

kɔ¹¹　mə⁵¹　hɛm⁵¹　ʔɛp⁵⁵　pən³³　kɔ¹¹.　kam⁵¹tʰa³⁵ni¹¹ni³³　me⁵¹　kɔ¹¹　bau³⁵　tsaŋ³³　het³³　saŋ⁵⁵　ni³³　nɔ⁵¹.
就　去　守　一起　别人　这下子　呢　咩然　就　不　能　做　什么　呢

kɔ¹¹　ma⁵¹　haŋ¹³　xau¹³　hɔ³⁵　tso⁵¹　pʰak⁵⁵　ma⁵¹　ʔau⁵⁵　hɔ⁵¹xiŋ¹¹　hɔ⁵¹　nɔn⁵¹　huɯ¹³,　kɔ¹¹　ha:p³⁵　haŋ¹³ha:p³⁵
就　来　准备　饭　包　热菜　来　拿　行李（语气词）给　就　挑　行李

kɔ¹¹　luŋ⁵¹　hən⁵¹　pai⁵⁵　ʔɛp⁵⁵　pən³³　kɔ¹¹.　kam⁵¹tʰa³⁵　ni³³　huŋ⁵⁵　bau³⁵　nan⁵¹　tau³³dai⁵⁵　kɔ¹¹
就　下　楼　去　一起　别人　就　这下子　　过　不　了　多久　就

295

xɯn⁵¹xam³³ ma⁵¹, mɔk³³ka³³ kau¹³ ta⁵⁵ sip⁵⁵ ta⁵⁵ sip⁵⁵sɔŋ⁵⁵ ta⁵⁵ mɔk³³ni³³, xɯn⁵¹ pit⁵⁵ vai³⁵ pɔk³³
黑夜　　来　大概　九　点　十　点　十　二　点　差不多　却　返回　回

ma⁵¹ hən⁵¹ tʰɛ⁵⁵ lɛ³³, vai³⁵ pɔk³³ ma⁵¹ hən⁵¹ xɯn⁵¹ kam⁵¹tʰa³⁵ni³³ pai⁵⁵ nɔn⁵¹ ju³⁵ təm¹¹ tsa:n⁵¹
来　家　（语气词）返　回　来　家　　这下子　　去　睡　在　下边　晒台

laŋ⁵⁵ lok³³kai³⁵ han¹³.
后面　鸡棚　那里

从前，有一对贫苦的夫妻，丈夫叫波然，妻子叫咩然。他们生了四个孩子，丈夫什么也不会做，一家人住在破破烂烂的房子里，生计难以维持。妻子就说："波然啊，我们穷得不能再穷了，房子都要倒了，还要养四个孩子。你上山去砍些树，拿来盖座新房子吧！"说完，妻子就帮他收拾好东西，催他赶快去砍树，波然就从家里出发了。到山上不久，他东看看西看看，树也没砍一棵，到晚上就悄悄回家，睡在晒台底下的鸡圈旁边。

kɔ¹¹ kam⁵¹tʰa³⁵ni¹¹ni³³ hɔt³³ sip⁵⁵sɔŋ⁵⁵ ta⁵⁵ vai³⁵ ta⁵⁵ sɔŋ⁵⁵ ta⁵⁵ ma⁵¹ ni³³, me⁵¹ ni³³ xai³³
就　这下子　　到　十　二　点　一　点　两　点　来　呢　妻子　呢　想

ma⁵¹ jai¹¹nak⁵⁵jai¹¹bau⁵⁵ ni³³, luk³³ ma⁵¹ jai¹¹ bau⁵⁵ jeu³³ ju³⁵ tsa:n⁵¹ ni³³ sa¹¹sa¹¹sa¹¹ ni³³nɔ⁵¹, xɯn⁵¹
来　方便　　　呢　起来　排泄　尿　在　晒台　呢　沙沙沙　呢　还

tot⁵⁵ put³⁵həi³³, kɔ¹¹ xɯn⁵¹ ʔo⁵¹, kam⁵¹tʰa³⁵ni³³ me³³ hu¹¹ xɯn⁵¹ pɔ³³ja:n⁵¹ xɯn⁵¹, ʔo⁵¹! fun⁵⁵
放屁　噗　就　又　哦　这下子　妻子　听到　就　波然　就　哦　雨

kɔ¹¹ tok⁵⁵ fa¹¹ kɔ¹¹ hɔŋ¹¹ nɔ⁵¹kɔ¹¹. kam⁵¹tʰa³⁵ni³³ me⁵¹ hu¹¹ ni³³ da³⁵ nɔ⁵¹ kɔ¹¹, pɔ³³ja:n⁵¹ haŋ¹³
也　下　天　也　叫　啊　　这下子　妻子　听到　呢　骂　就　波然　收拾

xo⁵¹ lɛ³³ ʔɔk³⁵hən⁵¹ mə⁵¹ te¹¹ mə⁵¹ hɛm⁵¹ mai¹¹ ʔɛp⁵⁵ pən³³, xɯn⁵¹ sɯ⁵¹ pit³³ pɔk³³ma⁵¹
行李　后　出门　去　真的　去　守　木　一起　别人　却　为什么　返　回来

xɯn⁵¹ ma⁵¹ nɔn⁵¹ ju³⁵ təm¹¹ tsa:n⁵¹na⁵¹ saŋ⁵⁵lɛ³³ mɔŋ⁵¹ni¹¹ mɔŋ⁵¹lə⁵⁵ ha⁵¹? nam¹¹ xan¹¹ nam¹¹ xak⁵⁵
还　来　睡　在　底下　晒台　这么　这样　呢　啊　程度　懒　程度　勤快

man⁵¹ kɔ¹¹ mɔŋ⁵¹ni¹¹ lɛ³³ka⁵¹ nɔ⁵¹. luk³³ kɔ¹¹ luk³³ la:i⁵⁵ mɔŋ⁵¹ni¹¹ kɔ¹¹ nam¹¹tok³³ kɔ¹¹ bau³⁵ hu¹¹
他　就　这样　了　吧　孩子　又　孩子　多　这么　还　贫穷　也　不　知

ha³³ ni³³, kam⁵¹ tʰa³⁵ni¹¹ni¹¹ naŋ³³ han¹³ ni³³ kɔ¹¹ tʰən¹³tʰɛ⁵⁵ lɛ³³, ni³³ bau³⁵ tsaŋ³³ het³³ suɯ⁵¹huɯ⁵¹.
啊 呢　这下子　　坐 在那里 呢 就 结束 了 呢 不 会 做 怎么

半夜的时候，妻子起来小解，蹲在晒台上撒尿，"沙沙沙"地响，还放了一个屁，"噗"的一声。波然迷迷糊糊地醒来，自言自语地说："哦哟，这天气说变就变呀，半夜三更又打雷又下雨的！"咩然一听波然在下面说话，就非常生气地叫起来："波然！你不是去砍树了吗？怎么跑回来睡在下面啊？我撒尿放屁，你还说什么又打雷又下雨。我怎么嫁了你这种又懒又蠢的人啊！"不过咩然也拿波然没办法，日子就这样一天一天地熬下去。

ni³³ xau¹³ kɔ¹¹ lən⁵⁵ ma⁵¹ tʰɛ⁵⁵lɛ³³, pai⁵⁵ tso⁵¹kan⁵⁵ keu³⁵ xau¹³ pɔ¹¹ xau¹³ dɔ⁵¹. ni³³ huɯ¹³
呢 稻子 也 黄 来 了　去 一起　割 稻谷 打 谷 吧 呢 让

mə⁵¹ pɛŋ⁵⁵ tup³⁵nɔi¹¹tup³⁵ma⁵⁵hɛn⁵⁵ vai¹¹lɛ³³ mɔk³³ka³³ mən⁵⁵tsə¹¹ ʔɔŋ⁵⁵ pu⁵⁵ pai⁵¹ nuŋ³³ tɛm³⁵
去 建 小棚子　　　然后 大概 像　蟹 壳 一边 低

pai⁵¹ nuŋ³³ suŋ⁵⁵ dɔ⁵¹nə⁵¹? ni³³kam⁵¹tʰa³⁵ni¹¹ ni³³ mə³³ tʰɛ⁵⁵lɛ³³, me⁵¹ kɔ¹¹ mə⁵¹ lɛu¹¹ ni¹¹, ni³³ pʰo⁵⁵
一边　高 好吧　这下子　　呢 去 了　妻 就 去　呢 丈夫

kɔ¹¹ ni³³ mə⁵¹ pai⁵⁵ keu³⁵ xau¹³ keu³⁵ tʰən¹³ kɔ¹¹ kɔŋ⁵⁵ di⁵⁵ pɔ¹¹ ma⁵¹ tʰi⁵⁵ni³³. pɔ³³ja:n⁵¹ həi³⁵ pɛŋ⁵⁵
就　去　割 稻谷 割 完 就 堆 要 打 来（语气词）波然 啊 建

tup³⁵ ʔan⁵¹ mən⁵⁵ tsə¹¹ʔɔŋ⁵⁵pu⁵⁵ dɔ⁵¹nə⁵¹, man⁵¹ mi⁵¹ ti³³ sau⁵¹ hum³³ sau⁵¹jin⁵⁵ dɔ⁵¹. kam⁵¹tʰa³⁵ni³³ pai⁵⁵
棚子 像 蟹壳 吧 它 有 地 休息 荫凉 吧 这下子 去

pɛŋ⁵⁵ tʰɛ⁵⁵lɛ³³, mə³³ ha⁵⁵ pɛŋ⁵⁵ ni³³ bau³⁵ tsaŋ³³ het³³ saŋ⁵⁵ kɔ¹¹ pai⁵⁵ ha⁵⁵ ʔɔŋ⁵⁵pu⁵⁵ tai⁵⁵ ma⁵¹
建棚子（语气词）去 找 建 呢 不 会 做 什么 就 去 找 蟹壳 死 来

vai¹¹ kɔŋ¹³tɛ⁵¹ na⁵¹he³³ nɔ⁵¹. me⁵¹ kɔ¹¹ ma⁵¹ ha:p³⁵ xau¹³ tso⁵¹ pʰak⁵⁵ pai⁵⁵ tʰi⁵⁵ni³³.
着 扣 田坝（语气词）妻子 就 来 挑 饭 热 菜 去 了

kam⁵¹tʰa³⁵ni¹¹ni³³ me⁵¹ xau¹³ ma⁵¹ ni³³. mɛ³³ja:n⁵¹ həi³⁵ kɔi³³nə⁵¹ xɔp³³ lɛ³³! mɛ³³ja:n⁵¹ həi³⁵ ni³³
这下子　妻子 进来 呢 咩然 啊 小心 碎 了 咩然 啊 呢

kɔi³³nə⁵¹ xɔp³³ lɛ³³! ni³³ va³³ tʰɯŋ⁵⁵ sɔŋ⁵⁵ tʰɯŋ⁵⁵ sa:m⁵⁵ ma⁵¹ kɔ¹¹ me⁵¹ ni³³ va³³, ti³³saŋ⁵⁵ ni³³
小心 碎 了 呢 说 到 两 至 三 来 就 妻子 呢 说 什么 呢

景洪傣语 玖·说唱表演

xun⁵¹ lɛ³³ kɔi³³ nə⁵¹ xɔp³³ lɛ³³ ti³³saŋ⁵⁵ ha⁵¹ʔ kɔ¹¹ mɯŋ⁵¹ ma⁵¹ bɔk³⁵ hɯ¹³ ku⁵⁵ kɔ¹¹ ma⁵¹ pɛŋ⁵⁵ tup³⁵
却　了 小心　　碎 了 什么　啊　就 你　来 叫　给 我　就 来 建 棚子

kɔ¹¹ pɛŋ⁵⁵ tsə¹¹ ʔɔŋ⁵⁵pu⁵⁵ kɔ¹¹, ku⁵⁵ ma⁵¹ pɛŋ⁵⁵ tsə¹¹ ʔɔŋ⁵⁵pu⁵⁵ ʔau⁵⁵ ʔɔŋ⁵⁵pu⁵⁵ ma⁵¹ tɛm⁵¹ kɔŋ³⁵tɛ⁵¹
就　建　像 蟹壳　就　我　来 建　像 蟹壳　用 蟹壳　来 放 扣

na⁵¹ne⁵¹. ʔa⁵¹ kɔ¹¹ pɔ³³jaːn⁵¹ kɔ¹¹ saŋ⁵⁵lɛ³³ ma⁵¹ bai¹³ ma⁵¹ ʔaŋ³⁵ mɔŋ⁵¹ni³³ha⁵¹! kɔ¹¹ bau³⁵
田坝　天啊　波然　　就 为什么　来 蠢笨　来　的 这样　　也 没有

tsaŋ³³het³³ saŋ⁵⁵ni³³ leŋ¹¹ luk³³ kɔ¹¹ bau³⁵ kum¹³ lɛ³³ka⁵¹. ni³³ hɯ¹³ ʔau⁵⁵ ʔan⁵¹saŋ⁵⁵ ha⁵¹ mai¹¹ lɛ⁵¹
办法　什么 养 孩子　也 不　成 了　　 呢 让 拿 什么　　树

si³⁵ lak⁵⁵ lɛ³³ faŋ⁵⁵ mən⁵⁵tsə¹¹ luk³³ hau⁵¹ lɛ³³ nə⁵¹, luk³³ hau⁵¹ kɔ¹¹ mi⁵¹ si³⁵ kun⁵¹ ni³³.
四 根　了 埋 像　　孩子 我们　了 吧 孩子 我们 也 有 四 个 呢

ni³³ kam⁵¹tʰa³⁵ni¹¹ ni³³ ma⁵¹ xut⁵⁵ xum⁵⁵ ni³³ tɔ³³kan⁵⁵ tʰɛ⁵⁵lɛ³³, xum⁵⁵ tɯn¹³ lək³³ man⁵¹tɔ³³kan⁵⁵ kɔ¹¹
呢 这下子　呢 来 挖 坑 呢 一样　了　　坑 浅 深 一样　　　就

kam⁵¹tʰa³⁵ni¹¹ni³³ ʔau⁵⁵ luk³³ pai⁵⁵ faŋ⁵⁵ tʰi⁵⁵ni³³ nɔ⁵¹. pai⁵⁵ fan⁵¹ mai¹¹lau⁵⁵ ma⁵¹ kɔ¹¹ pai⁵⁵ kai³⁵
这下子　　 呢 用 孩子 去 埋　 了 去 砍树　来 就 去 架

luk³³ ni³³, to⁵⁵tɛm³⁵ni³³ faŋ⁵⁵ni³³ peŋ⁵¹pum⁵⁵ to⁵⁵lɔŋ⁵⁵ni³³ peŋ⁵¹ pun¹¹ho⁵⁵ xau³⁵ma⁵¹ ʔit⁵⁵ ha³³
孩子 呢　矮的　　埋到　　肚子　大的呢　超 膝盖 来　　一点

tsin¹¹nai⁵⁵kɔ¹¹ nɔ⁵¹ kɔ¹¹ ha⁵¹. kam⁵¹tʰa³⁵ni¹¹ ʔau⁵⁵ mai¹¹ ma⁵¹ kai³⁵ kɔ¹¹ to⁵⁵ni¹¹ni³³ to⁵⁵lɔŋ⁵⁵
怎么样　 也 就 啊 这下子　用 木头 来 架　就 这个　大个

to⁵⁵suŋ⁵⁵ ni³³, lak⁵⁵ni³³ xun⁵¹ suŋ⁵⁵ lə⁵⁵ pən³³ ki⁵⁵ni³³, pin⁵⁵ to⁵⁵lɔŋ⁵⁵suŋ⁵⁵ni³³ kɔ¹¹ ven⁵⁵ xun¹³ pai⁵⁵
高个　呢 这根 却 高 比 别人 呢　 是 大高个　呢 就 跳 上 去

ni³³ pai⁵⁵ hum³⁵ hum³⁵jeŋ³⁵jeŋ³⁵ kɔ¹¹, luk³³ kɔ¹¹ hai¹³hai¹³hɔŋ¹¹ kɔ¹¹ xi¹³pʰaːt⁵⁵jeu³³jeu³³ lɛ³³ kɔ¹¹
呢 去 使劲　摇晃　　就 孩子 就 哭哭叫叫　就 屁滚尿流　　了

nɔ⁵¹kɔ¹¹. me⁵¹ ma⁵¹ han⁵⁵ kɔ¹¹ xun⁵¹ da³⁵ han¹³vai¹¹ hɔŋ¹³ nɯŋ³³, het³³ saŋ⁵⁵ kɔ¹¹ bau³⁵ ʔɔk³⁵
（语气词）妻子 来 看见　就 却 骂 那里　顿 一　做 什么 也 不 成

saŋ⁵⁵ ni³³ pʰo⁵⁵ xi¹³xan¹¹ ni³³ lɛ³³. kam⁵¹tʰa³⁵ni¹¹ni³³ bau³⁵ tsaŋ³³het³³.
什么 呢 丈夫 懒惰　呢 了 这下子　呢　没有 办法

有一天,咩然对波然说:"波然啊! 稻子熟了,咱们就要去割稻子了,你先去田边盖个棚子吧! 要盖得跟螃蟹壳一样,一边高一边低的。"于是波然就先去了。他四处找啊找,终于找到了一个很大的死螃蟹。他小心翼翼地把螃蟹壳剥下来,拿到田边用小棍子支起来。这时候,妻子挑着箩筐走了过来,箩筐里放着带给丈夫的饭菜。波然老远就朝着妻子喊:"咩然,小心! 小心碎了! 小心碎了!"妻子很奇怪:"什么'小心碎了小心碎了'?"波然回答说:"你让我盖的像螃蟹壳一样的棚子就在田边,你千万小心,别踩碎了!"咩然看到那个木棍支起来的大蟹壳,气得大叫:"波然! 你怎么这么蠢啊! 让你盖一个像螃蟹壳一样的棚子,你竟然用真蟹壳来当棚子啊! 天哪,你怎么什么也不会做啊! 我怎么嫁了你这么一个又蠢又笨又穷的男人啊!"咩然毫无办法,只能耐着性子说:"我来教你盖吧! 先去那边挖四个坑,栽四根柱子,要栽得跟我们的孩子一样高,栽好后我再来教你。"波然答应了,就去田头挖了深浅相同的四个坑,然后就把四个孩子一一放进去,又去砍了几根长木棍来架在孩子们头上。波然边看边想,大儿子高,小儿子矮,木棍搭在上面不一样高呀,可是咩然说要一样高才行,怎么办呢? 于是波然就跳到老大肩上去使劲踩,老大疼得大哭,其他三个孩子也被吓得哭作一团。妻子听见哭声就跑过来看,她把孩子拉出来,又把波然狠狠地骂了一顿,棚子也没办法再盖了。

saŋ⁵⁵ni³³　　pɔk³³ma⁵¹　hɔ⁵⁵ma⁵¹hən⁵¹　ma⁵¹ni³³　ma⁵¹ni³³　ma⁵¹ni³³, kam⁵¹tʰa³⁵ni¹¹　ni³³
这样呢　回来　回家　　　来呢　来呢　来呢　这下子　　呢

leŋ⁵¹ma⁵¹ni³³　me⁵¹　ni³³va³³,　pɔ³³jaːn⁵¹hɐi³⁵!　ju³⁵hən⁵¹　ʔɛp⁵⁵luk³³　dɔ⁵¹nɔ⁵¹,　　me³³jaːn⁵¹
天亮了　妻子呢　说　波然　啊　在家　带　孩子　吧 (语气词)　咩然

di⁵⁵　mə⁵¹　ʔan⁵¹het³³　sɔn⁵⁵pʰak⁵⁵ʔan⁵¹　ʔɛp⁵⁵　pən³³kən³⁵, kam⁵¹tʰa³⁵ni¹¹ni³³　mə⁵¹　haːp³⁵ʔau⁵⁵pʰak⁵⁵
要　去　做　菜园　那个一起　别人了　这下子　呢去　挑　拿菜

mə⁵¹　ni³³.　saŋ³⁵ni³³　kan⁵¹le³³　ʔan⁵¹sa⁵¹　ta⁵⁵van⁵¹le³³　hɔt³³pai⁵⁵　kɔ⁵⁵kɔk³⁵　ma⁵¹　ni³³,　ʔau⁵⁵　ʔan⁵¹
去　呢　什么呢　如果　什么　太阳　了到顶　嘎里罗树来　呢　拿　那些

pai⁵⁵　ʔɔi³⁵　mu⁵⁵de⁵¹nɔ⁵¹.　ʔə⁵¹kam⁵¹tʰa³⁵ni¹¹ni³³bau³⁵　tsaːŋ³³het³³saŋ⁵⁵　kɔ¹¹ta⁵⁵van⁵¹hɔt³³pai⁵⁵
去　喂猪　(语气词)　这下子　　呢没有办法　什么　就太阳到顶

bau³⁵　tsaːŋ³³het³³saŋ⁵⁵　kɔ¹¹ta⁵⁵van⁵¹hɔt³³pai⁵⁵①kɔ⁵⁵kɔk³⁵　ma⁵¹,　kɔ¹¹leu³⁵xau¹³mu⁵⁵kɔ¹¹
没有办法　什么就　太阳到顶　嘎里罗树来　就拌猪食就

---

① 此处为讲述者重复。

ha⁵¹tiu¹³ xɯn¹³ kɔ⁵⁵kɔk³⁵　　mə⁵¹, kɔ¹¹ mə⁵¹ ʔi⁵⁵ ju³⁵ pai⁵⁵kɔ⁵⁵kɔk³⁵　ʔi⁵⁵pai⁵⁵ʔi⁵⁵ma⁵¹, kɔ¹¹　mu⁵⁵
提　　　上　嘎里罗树　去　　就　去　唤　在　顶　嘎里罗树　唤猪来　　　然后　猪

kɔ¹¹　mu⁵⁵nɔi¹¹　mu⁵⁵mɛ³³　va¹¹hɛn⁵⁵　ma⁵¹　sa³³sa³³, kɔ¹¹　tum⁵⁵ kɔ⁵⁵kɔk³⁵　　sa³³sa³³　ni³³, kɔ¹¹
就　小猪　　母猪　　跑　　　来　纷纷　　就　聚　嘎里罗树　纷纷　　呢　就

xau¹³mu⁵⁵ kɔ¹¹ tʰɔk³⁵ ban⁵⁵ tok⁵⁵ ma⁵¹ kɔ¹¹ lɛ³³. kam⁵¹tʰa³⁵ni¹¹ ni³³ mɔ¹³ saŋ⁵⁵　kɔ¹¹ ʔau⁵⁵ fɛt³³
猪食　　就　倒　胡乱　掉　来　就　了．这下子　　　呢　桶　什么　就　拿　丢

tok⁵⁵ ma⁵¹, mu⁵⁵ kɔ¹¹ dɔi¹³ le⁵¹dɔi¹³ sa³³sa³³　lɔŋ⁵¹ nan¹¹　nɔ⁵¹ kɔ¹¹.　ʔa⁵¹ kɔ¹¹ bau³⁵tsa:ŋ³³ het³³
下　来　猪　就　吃　了吃　纷纷　　那些　地方　（语气词）然后　不会　做

saŋ⁵⁵　ni³³　ku⁵⁵ di⁵⁵ het³³tsin¹¹nai⁵⁵ luŋ⁵¹ ma⁵¹ tsa³⁵ni³³? tɔŋ⁵¹du⁵¹ mot³³sum¹³ xɯn⁵¹ hen⁵¹
什么　呢　我　要　怎么　做　　下　来　呢　　　看见　酸蚂蚁　却　学

mot³³sum¹³ xɯn⁵¹ luk³³ ma⁵¹ ʔɔn⁵⁵ man⁵¹ ʔau⁵⁵ ho⁵⁵ va:i³⁵ luŋ⁵¹ xɯn⁵¹ luŋ³³ ma⁵¹ nɔ⁵¹, mot³³sum¹³
酸蚂蚁　却　下　来　先　它　用　头　转　下　却　下　去　呢　酸蚂蚁

kɔ¹¹ het³³ tsin¹¹ni³³ kɔ¹¹ dai¹³ ni³³. va:i³⁵ ho⁵⁵ luk³³ kɔ¹¹ ku⁵⁵ di⁵⁵ het³³ kən³⁵　　pai⁵⁵ ŋa:i³³
就　做　这样　也　可以　呢　转　头　下去　也　我　要　做（语气词）去　容易

kɔ¹¹ dɔ⁵¹. va:i³⁵ ho⁵⁵ luk³³ kɔ¹¹ pai⁵⁵, pʰu³³ lut³³pʰu³³lat³³pʰɛu⁵⁵pɔŋ³³ kau¹¹ kɔ⁵⁵kɔk³⁵　pʰum⁵¹ həi⁵¹
可能　转　头　下　就　去　扑腾扑腾　　　　　　根　嘎里罗树　嘭

kɔ¹¹. kam⁵¹tʰa³⁵ni¹¹ ta:i⁵⁵ ni³³ xɔ⁵¹ hak⁵⁵ pai⁵⁵ kɔ¹¹ ta:i⁵⁵ han¹³ kɔ¹¹ faŋ⁵⁵ han¹³ kɔ¹¹. kam⁵¹tʰa³⁵ni¹¹
就　这下子呢　死　呢　脖子　断　去　后　死　那　就　埋　那　就　这下子

ni³³ xau³³ pɔ³³ja:n⁵¹ ni³³ sam¹¹ ti³³ ta:i⁵⁵ kɔ⁵⁵kɔk³⁵　han¹³ həi⁵¹ tʰɛ⁵⁵lɛ³³. xa:u³³ man⁵¹ kɔ¹¹ pin⁵⁵
呢　故事　波然　呢　结束　在　死　嘎里罗树　那　了　　故事　他　就　是

tsin¹¹ni¹¹ tʰi⁵⁵ ni³³. xa:u³³ pɔ³³ja:n⁵¹ me³³ja:n⁵¹ kɔ¹¹ mən⁵⁵ di⁵⁵ tsin⁵¹ni³³ tʰi⁵¹ ka⁵¹ sut⁵⁵tʰi⁵⁵ni³³.
这样　呢　呢　故事　波然　咩然　就　像　　这样　了　吧　完了

　　收完稻谷回到家以后，咩然对波然说："明天我要和别人一起去地里种菜，你就好好在家带孩子吧！"波然答应了。第二天早上吃过早饭，妻子拿着农具临出门的时候对丈夫说："波然啊，等太阳升到了'嘎里罗树'① 树梢那里的时候记得去喂猪，一定要记住了啊！"因为波然无

---

① 指甜槟榔青，一种树，当地汉语方言称之为"嘎里罗树"。

法理解太阳到正中或是太阳要落这样的话语。太阳照到嘎里罗树树梢的时候，波然就把拌好的猪食用水桶背上，爬到嘎里罗树树梢上，大声唤猪。猪听见叫唤声之后就纷纷跑到嘎里罗树下，波然就把猪食倒下去，密密麻麻的猪就在嘎里罗树下吃食。猪食倒完了，波然先把水桶丢下去，自己该怎样下树却犯了难：从树上下去的时候我的头是要朝上呢？还是朝下？想了许久也无法决定。忽然，他看见酸蚂蚁从树上下去的时候头是朝下的。于是他就决定像酸蚂蚁一样，头朝下滑下树。于是，波然就把头朝下顺着树干往下滑，结果失足了，"嘭"的一声，波然从树上掉了下来，摔断了脖子就死了。咩然回来后，就把波然埋在了那棵嘎里罗树下。

波然的故事就讲完了。

（波么保讲述，2018 年 4 月 25 日）

2. 艾苏和都布

ʔə⁵¹,	te³⁵mə³³nan¹¹	nɔ⁵¹,	mi⁵¹	kun⁵¹tʰau¹³	ni³³	ʔaːi¹³suk⁵⁵	teŋ³⁵	tu³³pu³⁵,	ni³³	va³³	tu³³pu³⁵
嗯	从前	呢	有	老人	呢	艾苏	害	都布	呢	据说	都布

tu³³pu³⁵	ni³³	bɔk³⁵,	suk⁵⁵	həi³⁵!	pʰuk³³	ni³³	pai⁵⁵	ʔan⁵¹	xau¹³kaːt³⁵	he⁵¹	nə⁵¹.	xɔi¹³	pai⁵⁵	xau¹³kat³⁵
都布	呢	说	苏	啊	明天	呢	去	那	上街	了	呢	我	去	上街

het³³	saŋ⁵⁵	ha⁵¹?	pai⁵⁵	suu¹¹	ʔɛk³⁵	pai⁵⁵	suu¹¹	ʔɛk³⁵	ma⁵¹	dɔi¹³	ʔɛk³⁵mu⁵⁵.	kam⁵¹tʰa³⁵ni¹¹	ni³³
做	什么	啊	去	买	脑	去	买	脑	来	吃	猪脑	这下子	呢

ʔaːi¹³suk⁵⁵	kɔ¹¹	pai⁵⁵	tʰi⁵⁵ni³³,	suu¹¹	xun⁵¹kam⁵¹ni¹¹	ni³³	pai⁵⁵	suu¹¹	ʔɛk³⁵mu⁵⁵	ni³³	bau³³	va³³
艾苏	就	去	了	买	这回	呢	去	买	猪脑	呢	不	说

tə³³	pai⁵⁵	suu¹¹	ʔɛk³⁵	ma⁵¹	dɔi¹³.	kam⁵¹tʰa³⁵ni³³	ʔaːi¹³suk⁵⁵	kɔ¹¹	pai⁵⁵	tʰi⁵⁵	ni³³,	pai⁵⁵	suu¹¹	dai¹³
还	去	买	脑	来	吃	这下子	艾苏	就	去	了	呢	去	买	得

ʔɛk³⁵xwaːi⁵¹	ma⁵¹	tʰi⁵⁵ni³³.	ʔɛk³⁵	pən³³	ʔan⁵¹	sai³⁵	na⁵¹	xwaːi⁵¹	ni³³nɔ⁵¹.	pa⁵¹	xau¹³	vat³³	ma⁵¹
牛轭	来	呢	牛轭	人家	那	放	田	牛	呢	背	进	佛寺	来

kɔŋ⁵⁵kaŋ⁵⁵kɔŋ⁵⁵kaŋ⁵⁵	kɔ¹¹.	kam⁵¹tʰa³⁵ni¹¹	ni³³	tu³³pu³⁵	han⁵⁵	kɔ¹¹,	suk⁵⁵	ʔɛk³⁵	ʔau⁵⁵	vai¹¹
果嘎果嘎（拟声词）	就	这下子	呢	都布	看见	就	苏	脑	拿	放

ti³³nai⁵⁵? ʔə⁵¹, xɔi¹³ ʔau⁵⁵ xɛn⁵⁵ ʔau⁵⁵ vai¹¹ ti³³han¹³ tʰi⁵⁵ ni³³. ju³⁵ ti³⁵nai⁵⁵ xɛn⁵⁵ vai¹¹ pai⁵⁵ tsi¹¹
哪里 嗯 我 拿 挂 拿 留 那里 了 呢 在 哪里 挂 着 去 指

toŋ⁵¹. bau³⁵ tsai³⁵ ha³³! ʔɛk³⁵xwaːi⁵¹ pən³³ ʔau⁵⁵ tu³³ xwaːi⁵¹ sai³⁵ na⁵¹ ni³³, bau³⁵ tsai³³ he⁵¹
看 不 是 啊 牛轭 人家 用 戴 牛 放田 呢 不 是

ʔɛk³⁵mu⁵⁵ ni³³ pen³³ ʔɔk³³ʔɛk³³ʔɔk³³ʔɛk³³ ne⁵¹. kam⁵¹tʰa³⁵ni¹¹ ni³³ mə⁵¹tʰɛ¹³ pai⁵⁵ ni³³.
猪脑 呢 人家 哦额哦额（拟声词） 呢 这下子 呢 再去 去 呢

从前，有个住持叫都布①，他有个机智又年轻的仆人叫艾苏。有一天，都布对艾苏说，"艾苏，明天你去一趟集市吧！"艾苏问："去集市干什么呢？"都布说："去买（猪）脑来给我吃。"第二天，都布把钱拿给艾苏，艾苏就出发去集市了。艾苏从集市上买了一个牛轭②带回来，挂在佛寺里。都布见到艾苏回来了就问："艾苏，（猪）脑放在哪里了？""我挂在那里了。""在哪里呢？""我挂在那里呢！"艾苏指着牛轭回答说。都布生气地说："不是这个啊，这个牛轭是人家拿来戴在牛头上耕田的。我要的是（猪）脑。明天你再去买吧！"

kam⁵¹tʰa³⁵ ni¹¹ pai⁵⁵ su¹¹ mu⁵⁵nɔi¹¹ tʰi⁵⁵ni³³ pai⁵⁵ su¹¹ mu⁵⁵nɔi¹¹ tʰi⁵⁵ ni³³, kɔ¹¹ lai³³
这下子 去 买 小猪 了 去 买 小猪 了 呢 就 赶

xau¹³ vat³³ ma⁵¹ ʔɔk³³ʔɛk³³ʔɔk³³ʔɛk³³ lɛ³³, mu⁵⁵nɔi¹¹ hɔŋ¹¹ kɔ¹¹nɔ⁵¹ mu⁵⁵nɔi¹¹ hɔŋ¹¹
进 佛寺 来 哦额哦额（拟声词） 了 小猪 叫 （语气词） 小猪 叫

kɔ¹¹nɔ⁵¹ kɔ¹¹. kam⁵¹tʰa³⁵ni¹¹ ni³³ tu³³pu³⁵ luk³³ ma⁵¹ kɔ¹¹, suk⁵⁵ ʔɛk³⁵ ʔau⁵⁵ ma⁵¹ pɛŋ⁵⁵
（语气词）就 这下子 呢 都布 起来 就 苏 脑 拿来 做

dɔ⁵¹! ʔə⁵¹, het³³ tsin¹¹nai⁵⁵ pɛŋ⁵⁵ ha⁵¹? han³⁵ xɔi¹³ ʔau⁵⁵ xaŋ⁵⁵ vai¹¹ paːi⁵¹nɔk³³ ne⁵¹. toŋ⁵¹ ma⁵¹ toŋ⁵¹
吧 嗯 做 怎么 做 呢 看 我 拿 关 着 外边 呢 看来 看

pin⁵⁵ mu⁵⁵nɔi¹¹ vai¹¹ ʔɔk³³ʔɛk³³ʔɔk³³ʔɛk³³. kɔ¹¹ va³³ ha³³ bau³⁵tsai³³ he⁵¹ suk⁵⁵. ʔan⁵¹ni¹¹ ni³³
是 小猪 着 哦额哦额（拟声词） 就 说 啊 不是 啊 苏 这个 呢

tsai³³ ha³³, pən³³ va³³ ʔɛk³⁵ ʔan⁵¹ ju³⁵ ho⁵⁵ man⁵¹ he⁵¹. ʔə⁵¹ xɔi¹³ tʰa³⁵va³³ ʔɔk³³ʔɛk³³ʔɔk³³ʔɛk³³
是 吗 别人 说 脑 那 在 头 它 呢 嗯 我 以为 哦额哦额（拟声词）

---

① 都布是还俗生儿育女后又出家的住持，在民间故事中这类人心眼都很坏。
② 傣语的"（猪）脑"和"牛轭"是同音词。

中国语言文化典藏

ni³³ pin⁵⁵ ha⁵¹ mu⁵⁵nɔi¹¹ ha⁵¹ bau³⁵ tsai³³ ha⁵¹ pin⁵⁵ ʔɛk³⁵mu⁵⁵ ha⁵¹. ʔɔ⁵¹ lɛ³³ kam⁵¹tʰa³⁵ni¹¹ni³³
呢 是 啊 小猪　　 啊 不 是 啊 是 猪脑 啊 嗯 那么 这下子 呢

ʔa⁵¹, xɔi¹³ ni³³ pai⁵⁵ bau³⁵ hu¹¹ lɛ³³ tu³³pu³⁵ həi³⁵. tu³³pu³⁵ ni³³ pai⁵⁵ suɯ¹¹ʔau⁵⁵ dɔ⁵¹ lɛ³³. xɔi¹³ ni³³
啊 我 呢 去 不 明白 了 都布　 啊 都布 呢 去 买　　 吧 了 我 呢

bau³⁵ hu¹¹, pai⁵⁵ kɔ¹¹ bau³⁵ dai¹³ tu³³pu³⁵ həi³⁵. lɛ³³ tok⁵⁵ huɯ¹³ tu³³pu³⁵ mə⁵¹ həi⁵¹dɔ⁵¹!
不 明白 去 也 不 得 都布　 啊 了 到 给 都布 去 吧

　　第二天，艾苏从集市上买了一只小猪带回来。都布看见艾苏就命令他说："艾苏，快把猪脑拿来做给我吃吧！""都布啊，猪（脑）我关在外面呢！怎么做呀？"原来艾苏把小猪赶到佛寺里面，小猪还在那里"噢耶噢耶"地叫唤呢。都布无奈地看着小猪，生气地说："愚蠢的艾苏啊！我要的不是这个活着的猪，我要的是猪头里面的脑子。""哦，都布呀，小猪在这里，猪脑子就在它头里面呀！我实在听不懂你说的话了，你要什么脑你自己去买吧！"

kam⁵¹tʰa³⁵ ni³³ tu³³pu³⁵ kɔ¹¹ bau³⁵tsa:ŋ³³ het³³ saŋ⁵⁵ kɔ¹¹, suk⁵⁵ həi⁵¹ dən⁵⁵ hɔt³³ pa:i⁵⁵
这下子 呢 都布 就 不会　 做 什么 就 苏 啊 月亮 到 梢

kɔ⁵⁵pa:u¹¹ ma⁵¹ ni³³ dən⁵⁵ hɔt³³ pa:i⁵⁵ kɔ⁵⁵pa:u¹¹ ma⁵¹ ni³³ hɔŋ¹¹ tu³³pu³⁵ nə⁵¹ hɔŋ¹¹ tu³³pu³⁵ nɔ⁵¹.
椰子树　 来 呢 月亮 到 梢 椰子树 来 呢 叫 都布 哦 叫 都布 吧

kam⁵¹tʰa³⁵ni¹¹ ni³³ suk⁵⁵ kɔ¹¹ pan³⁵pe⁵⁵ le⁵⁵ bau³⁵ hu¹¹ ha³³ tsin¹¹nai⁵⁵ kɔ¹¹nɔ⁵¹, tsak⁵⁵
这下子　 呢 苏 就 （语气词）　 不 知道 啊 怎么样 就 呢 削

mai¹¹tɔn⁵¹din³⁵ kɔ¹¹ ʔau⁵⁵ ʔan⁵¹ tai¹³di⁵⁵ dak⁵⁵ kɔ¹¹ xɯn¹¹ kɔ⁵⁵pa:u¹¹ mɯ⁵¹ kɔ¹¹ pai⁵⁵ mat³³ pai⁵⁵
火把　　　　 就 拿 那 点上　　 就 爬 椰子树　　 手 就 去 绑 去

pa:i⁵⁵kɔ⁵⁵pa:u¹¹ kɔ¹¹ hə³³ kəŋ⁵¹kəŋ⁵¹ lɛ³³ kɔ¹¹nɔ⁵¹ kɔ¹¹. kam⁵¹tʰa³⁵ni¹¹ ni³³ mə⁵¹ hɔŋ¹¹ tu³³pu³⁵ luk³³ tʰi⁵⁵
椰子树梢　　 就 亮 堂堂　　　 了 呢　　　 这下子　　 呢 去 叫 都布 起来 了

ni³³, tu³³pu³⁵ həi⁵¹ luk³³ dɔ⁵¹! ni³³ xɯn⁵¹ hɔŋ¹¹ seŋ⁵⁵nɔi¹¹ xɯn⁵¹ bau³⁵ hu¹¹ kam³³ xɯn⁵¹,
呢 都布　 啊 起来 吧 呢 还 叫 小声　　 还 没 反应

tu³³pu³⁵ həi⁵¹ luk³³ dɔ⁵¹! dən⁵⁵ hɔt³³ pai⁵⁵ kɔ⁵⁵pa:u¹¹ he⁵¹. tʰɯŋ⁵⁵ sa:m⁵⁵ tə³³ kɔ¹¹ ʔəi⁵⁵ kɔ¹¹
都布　 啊 起来 吧 月亮 到 去 椰子树　 啊 到 三 回 就 啊

saŋ⁵⁵lɛ⁴⁴ mɔŋ⁵¹ ni³³mɔŋ³³ tɛ¹¹ ha⁵¹ va³³ʔ bau³⁵ hɔt³³ tə³³ ka⁵¹. hɔt³³ xɔi¹³ hɔt³³ xɔi¹³. mai¹¹ton⁵¹din³⁵
怎么　　　这样　　　啊　不　到　还吧　到　了　到　了　火把

di⁵⁵ vɔt³³ he⁵¹ ne⁵¹ nɔ⁵¹, kɔ¹¹ pai⁵⁵ hɔŋ¹¹ vai⁵¹vai⁵¹ nɔ⁵¹. kɔ⁵¹ tu³³pu³⁵ luk³³ ma⁵¹ kɔ¹¹ ma⁵¹
要　灭　了　　　就　去　叫　急忙　　了　就　都布　起来　就　来

tʰai³⁵ pʰa¹³ kɔ¹¹ pai⁵⁵ tʰi⁵⁵ ni³³, va³³ pai⁵⁵ kɔ¹¹ pai⁵⁵ kam⁵¹tʰa³⁵ni¹¹ ni³³ saŋ⁵⁵ ha⁵¹
换　僧衣　就　去　了　呢　说　去　就　去　这下子　　呢　什么　啊

mai¹¹ton⁵¹din³⁵ vɔt³³ ma⁵¹ kɔ¹¹ dən⁵⁵ vɔt³³ he⁵¹ ka⁵¹ nɔ⁵¹. dən⁵⁵ tok⁵⁵he⁵¹ ni³³ bau³⁵ hə³³ tʰi⁵⁵ni³³,
火把　　　　灭　来　就　月亮　灭　　了　月亮　落　　　呢　不　亮　了

kɔ¹¹ ha³³ ha⁵⁵ ti³³nɔn⁵¹ kɔ¹¹ bau³⁵mi⁵¹, pok³³ kɔ¹¹ bau³⁵tsaːŋ³³ pok³³. bau³⁵tsai³³ mən⁵⁵ deu³⁵ lɛ³³
就　啊　找　睡处　　也　没有　　回　也　不能　　回　不是　像　现在　了

mi⁵¹ kɔŋ¹³ fun⁵¹kɔŋ¹³ fai⁵¹ lɛ³³ mi⁵¹ tɛn³⁵tən³³ nɔ⁵¹. bau³⁵tsaːŋ³⁵het³³saŋ⁵⁵ kɔ¹¹ ma⁵¹ veu⁵⁵ha⁵⁵ tai¹³
有　　手电筒　　　和　有　电灯　呢　没有办法　　　　就　来　寻找　　下

kɔ¹¹ tuk³³ veu⁵⁵ha⁵⁵ nə⁵⁵ kɔ¹¹ tuk³³, mu⁵⁵ mu⁵⁵ xun⁵¹ ʔeu³⁵ju³⁵ sa³³sa³³ ma⁵¹ le⁵¹ kun¹³ le⁵¹
就　到顶　寻找　上　也　到顶　猪　猪　还　放养　纷纷　来　舔　屁股　舔

kɔi⁵⁵ ha³³, pat³³ni³³ xun¹³ nɔn⁵¹ xa³⁵pak³³ tʰi⁵⁵ni³³. xun⁵¹ pai⁵⁵ nɔn⁵¹ xa³⁵pak³³ ni³³. tsau¹³hən⁵¹
身子　啊　可能　上　睡　南瓜架　了　上　去　睡　南瓜架　呢　主人家

luk³³ma⁵¹, mə⁵¹ ti³³lɛŋ³³ lɛ³³ ka⁵¹ ha¹³ta⁵⁵ hok⁵⁵ta⁵⁵ mɔŋ⁵¹ni³³ kɔ¹¹, tsau¹³hən⁵¹ luŋ⁵¹ma⁵¹ kɔ¹¹,
起来　　亮　了　吧　可能　五点　六点　这样　就　主人家　下来　就

me³³ tsau¹³hən⁵¹ luk³³ma⁵¹ kɔ¹¹ ʔau⁵⁵ mat³³ ʔau⁵⁵ xeu⁵¹ kɔ¹¹ mat³³ sai³⁵ mai¹¹sau¹³ kɔ¹¹ di⁵⁵ mə⁵¹
女　主人家　起来　就　拿　绑　拿　镰刀　就　绑　在　竹竿　　就　要　去

ʔau⁵⁵ pak³³ ʔau⁵⁵ pai⁵⁵ xau¹³kaːt³⁵ tʰi⁵⁵ni³³. pai⁵⁵ ti³³ti³³ ʔau⁵⁵ xeu⁵¹ kək³³kək³³ tsin¹¹ni³³ lɛ³³
拿　南瓜　拿　去　进集市　呢　　去　敲敲　用　镰刀　扣扣　这样　了

ka⁵¹nɔ⁵¹. noi³⁵ nai⁵⁵ kɛ³⁵ ni³³ pak³³ ni³³ nɛn⁵¹, noi³⁵nai⁵⁵ bau³⁵ kɛ³⁵ ni³³ bau³⁵ nɛn⁵¹. pai⁵⁵ tɔi³⁵
可能　哪个　老　呢　瓜　呢　响　哪个　不　老　呢　不　响　去　敲

xau¹³ ho⁵⁵ tu³³pu³⁵ ni³³ bau³⁵ nɛn⁵¹ tʰi⁵⁵ni³³, kɔ¹¹ ha³³ ʔau⁵⁵ xeu⁵¹ jok³³ kɔ⁵⁵ vat³³ ho⁵⁵ tu³³pu³⁵
到　头　都布　呢　不　响　了　　就　啊　拿　镰刀　抬　使劲　割　头　都布

tok⁵⁵ma⁵¹,　pup³³,　tu³³pu³⁵ta:i⁵⁵ həi³³　tʰi⁵⁵ni³³.　ta:i⁵⁵　xa³⁵pak³³ han¹³　tʰi⁵⁵ni³³.　tsiŋ³⁵　di⁵⁵tʰən¹³　ni³³
掉下来　嘭　都布　死　啊　了　　　死　南瓜架　那里　了　　才　结束　呢

xa:u³³　　tu³³pu³⁵　kɔ¹¹.
故事　　都布　　也

都布特别想吃猪脑，又拿艾苏没有办法。到了晚上，都布就指着一棵椰子树对艾苏说："艾苏，明天我要上街去买猪脑，要早起，等月亮爬到那棵椰子树树梢的时候，你一定要记得叫醒我啊！""好的。"艾苏爽快地答应了。等都布睡着了，月亮还没升起来呢，艾苏就去做了个大火把，带着火把爬到椰子树树梢，捆好，点着火把。等火把烧得正旺的时候，艾苏就跑去僧房大叫："都布，都布，快起床了，快起床了！月亮升到椰子树树梢了。""啊，还没有到吧？""到了，到了，月亮升到椰子树树梢了！不信您起来看！"都布往外看了看，那棵椰子树树梢真的亮堂堂的，跟月亮挂在上面一样。都布赶紧起来，穿好僧服就出发了。走到半路，火把慢慢地熄灭了，"月亮"消失了，四周一片漆黑。都布想回佛寺也看不清来时的路，想去集市也辨不明方向，身边还有散养的猪走来走去，就地休息又害怕猪过来舔身子。于是都布就爬到路旁的南瓜架上去睡觉，打算等天亮了再去集市买猪脑。

天刚蒙蒙亮，南瓜主人就起床了。主人把镰刀绑在竹竿上，来割南瓜去集市卖。他把镰刀伸进瓜架，东敲敲西敲敲。敲到都布的光头的时候，"咚咚"有声，以为是个大南瓜，就抬起镰刀对准瓜把儿使劲割下来。瓜把儿断了，一个光头"嘭"的一声掉下来，原来瓜把儿就是都布的脖子啊！于是都布就在那里圆寂了。

艾苏和都布的故事到这里就结束了。

（波么保讲述，2018 年 4 月 25 日）

3. 猎人持戒

pɔ³³tʰau¹³　di⁵⁵　ʔup³⁵　xa:u³³　ʔan⁵¹　pʰa:n⁵¹pa³⁵ xun⁵⁵　sin⁵⁵,　ni³³ mi⁵¹　pʰa:n⁵¹　pa³⁵ to⁵⁵
老人家　要　讲　故事　那　猎人　　弃　戒　呢　有　猎人　　个

nuɯŋ³³,　tuɯ⁵¹tso³³　kɔ¹¹　pai⁵⁵　ha⁵⁵　ka³³　ʔan⁵¹ nə¹¹tʰən³⁵kwa:ŋ⁵⁵fa:n⁵¹ ma⁵¹　dɔi¹³,　juɯ⁵¹ ka³³
一　　一辈子　都　去　找　只　那　野味　　　　　来　吃　射　只

nə¹¹tʰən³⁵kwaːŋ⁵⁵faːn⁵¹ maˑ⁵¹ leŋ¹¹ luk³³ leŋ¹¹ me⁵¹, nɔ⁵¹lɛ⁵¹ mɔŋ⁵¹ ni¹¹ ni³³ het³³ tsin¹¹ ni³³
野味　　　　　来　养　孩子　养　妻子　之后　这样　　　做　那样　呢

tsu³³ pi⁵⁵ tsu³³ dən⁵⁵ ʔau⁵⁵ ʔan⁵¹ luk³³ pɔ⁵¹ jai³⁵. lɛ⁵¹ kam⁵¹tʰa³⁵ni¹¹ ni³³ to⁵⁵pʰaːn⁵¹pa³⁵ kɔ¹¹
每　年　每　月　拿　那　孩子　足够　大　然后　这下子　　呢　猎人　　　就

ko⁵⁵ mən⁵⁵ tsin¹¹ ha³³baːp³⁵ heŋ⁵¹haːi¹¹ lɛ⁵¹ maˑ⁵¹ nɔ⁵¹, xa¹³ sɛt⁵⁵tʰən³⁵nə¹¹kwaːŋ⁵⁵faːn⁵¹ laːi⁵⁵ haːi¹¹
害怕　像　那样　罪孽　深重　了（语气词）杀　野生动物　　　多　太

ni³³nɔ⁵¹, maˑ⁵¹ ʔup³⁵ tɔ³⁵ luk³³ tɔ³⁵ me⁵¹, bau³⁵ tsaŋ³³ het³³ su⁵¹hɯ⁵¹, lɛ³³ deu³⁵
了　　来　告诉　对　孩子　对　妻子　不　能　做　怎么　然后　现在

tu³³pʰa³³saŋ⁵⁵xa³³ lɛ³³ pai⁵⁵ ha⁵⁵ tu³³pi³³lɔŋ⁵⁵, lɛ³³ pɔk³³ ʔau⁵⁵sin⁵⁵ həi³³ di⁵⁵ ka⁵¹.
僧侣　　　了　去　找　大佛爷　了　重新　持戒　　（语气词）好　吧

kam⁵¹ tʰa³⁵ni¹¹ ni³³ mə⁵¹ tə³³nɯŋ³³ sɔŋ⁵⁵tə³³ ni³³ tu³³pi³³lɔŋ⁵⁵ va³³, tɛ¹³ ha³³? di⁵⁵ ʔau⁵⁵sin⁵⁵ tɛ¹¹
这下子　呢　去　一次　两次　呢　大佛爷　说　真的　吗　要　持戒　真的

ha³³? ni³³ʔə⁵¹ xɔi¹³ di⁵⁵ maˑ⁵¹ xɔ⁵⁵ ʔau⁵⁵ sin⁵⁵, xɔi¹³ xa¹³ ban³⁵kan¹¹nə¹¹ laːi⁵⁵ haːi¹¹, ko⁵⁵ baːp³⁵.
呢　是的　我　要　来　求　持戒　我　杀　野生动物　多　太　害怕　罪孽

ni³³ kam⁵¹tʰa³⁵ni¹¹ ni³³ tu³³pi³³ kɔ¹¹ maˑ⁵¹ pan⁵⁵ sin⁵⁵ hɯ¹³ tʰɛ⁵¹lɛ³³, pan⁵⁵ sin⁵⁵ pɛt³⁵ hɯ¹³ sin⁵⁵
呢　这下子　　呢　佛爷　就　来　传　戒　给　了　　传　戒　八　给　戒

ha¹³ hɯ¹³.

五　给

　　从前，有一个猎人，他一辈子都以打猎为生，用打来的猎物养家糊口。孩子渐渐长大了，他却越来越害怕，因为他杀害了太多的动物。他自知罪孽深重，寝食难安。有一天，他鼓起勇气对妻子说："孩子他妈呀，我杀生太多了，害怕以后会遭报应啊。最近我一直吃不好，睡不香。我要去请求佛爷（住持）让我静心持戒。"妻子没有办法，就答应了。猎人来到佛寺跟佛爷说，他以后再也不杀生了，要静心持戒，请求佛爷教他持律。佛爷半信半疑。第一次，佛爷拒绝了。第二次，佛爷又拒绝了。第三次，佛爷就问他："你真的要持戒，不再杀生了吗？"猎人信誓旦旦地说："是的，佛爷，因为我杀了太多的动物，我害怕以后会遭报应。"佛爷看他很认真的样子，于是就把五戒、八戒教给了他。

kam⁵¹tʰa³⁵ni¹¹ ni³³　ʔo⁵¹　bau³⁵　tsa:ŋ³³　het³³　saŋ⁵⁵xɯn⁵¹　pɔk³³　ma⁵¹　hɔt³³　hən⁵¹, xɯn⁵¹　luk³³
这下子　　呢　哦　没有　能　做　什么　　回　来　到　家　却　孩子

xɯn⁵¹　bau³⁵　dai¹³　dɔi¹³　bau³⁵　dai¹³　kin⁵⁵　tʰɛ⁵⁵lɛ³³,　di⁵⁵　ta:i⁵⁵　tɛ¹¹　ki⁵⁵ni³³　luk³³　kɔ¹¹. luk³³　me⁵¹
却　不　得　吃　不　得　吃　了　　要　死　真的　了　孩子　就　孩子　妻子

va³³,　tsin¹¹ni³³　kɔ¹¹nɔ⁵¹,　pɔ³³na:ŋ⁵¹　　həi³³,　pok³³　pai⁵⁵　xɯn⁵⁵　həi³³　dɔ³³,　sin⁵⁵　ni³³　lɛ³³　di⁵⁵
说　这样　吧　孩子爹　啊　回　去　弃　了　吧　戒律　呢　要

het³³　tsin¹¹　ne⁵¹　　pai⁵⁵　xɯn⁵⁵　sin⁵⁵　ni³³. kam⁵¹tʰa³⁵ ni³³　pɔk³³　pai⁵⁵　pai⁵⁵　ha⁵⁵　tu³³pi³³lɔŋ⁵⁵
做　那样 (语气词) 去　弃　戒　呢　这下子　　回　去　去　找　大佛爷

ni³³ha³³,　tu⁵⁵xɔi¹³　ni³³　bau³⁵　tsa:ŋ³³　het³³　sɯ⁵¹hɯ⁵¹　lɛ³³,　tu³³pi³³　həi⁵¹! lɛ³³　xɔi¹³　ni³³　deu³⁵
呢啊　我们　呢　做　能　做　怎么　了　佛爷　啊　然后　我　呢　现在

ni³³　luk³³　kɔ¹¹　me⁵¹　kɔ¹¹　heŋ¹³heŋ¹³jɔm⁵⁵jɔm⁵⁵　həi⁵¹　sam¹¹,　bau³⁵　dai¹³　dɔi¹³　nɔ¹¹　saŋ⁵⁵　si³⁵ʔit⁵⁵.
呢　孩子只　妻子　都　干干瘦瘦　　　啊　全部　不　得　吃　肉　什么　一点

ni³³　kam⁵¹tʰa³⁵ni¹¹　ni³³　pɔk³³　ma⁵¹,　ni³³　tu³³pi³³lɔŋ⁵⁵　va³³　ʔan⁵¹　ma⁵¹　xɯn⁵⁵　sin⁵⁵　ni³³　man⁵¹
呢　这下子　　呢 回　来　呢　大佛爷　说　那 来　弃　戒　呢　它

bau³⁵　tsa:ŋ³³　dai¹³　ka⁵¹. ni³³　ma⁵¹　xɯn⁵⁵　tɔ³³　nɯŋ³³　sɔŋ⁵⁵　tɔ³³　sam⁵⁵　tɔ³³　bau³⁵　ma⁵¹　ni³³　nɔ⁵¹,
不　能够　得　　呢　来　弃　次　一　两　次　三　次　不　来　呢

tu³³pi³³　lɔŋ⁵⁵　bau³⁵　pɔk³³　xɯn⁵⁵　hɯ¹³　tʰi⁵⁵ni³³. kɔ¹¹　bau³⁵　tsa:ŋ³³　xɯn⁵⁵　hɯ¹³　tʰɛ⁵⁵lɛ³³　sin⁵⁵　ni³³,
大佛爷　　不　回　弃　给　了　　也　不　能　弃　给　了　呢　戒律　呢

lɛ³³　bau³⁵　tsa:ŋ³³　het³³　sɯ⁵¹　hɯ¹³　lɛ⁵¹　mɯn⁵¹　di⁵⁵　het³³　tsin¹¹　nai⁵⁵　lɛ³³　di⁵⁵　kum¹³　luk³³　kum¹³
了　没有　能　做　怎么　了　你　要　做　怎么　呢　才　养活　孩子　养活

me⁵¹,　di⁵⁵　ʔan⁵¹　kum¹³dɔi¹³kum¹³kin⁵⁵　ha⁵¹. ʔan⁵¹ni¹¹　ni³³　naŋ¹³　nɔ¹¹　tʰən³⁵kwaŋ⁵⁵fa:n⁵¹　mɯn⁵¹
妻子　才　得　吃饱穿暖　　呢　这个　呢　就算　野生动物　　你

bau³⁵　mɔ⁵¹　xa¹³　kɔ¹¹　hɯ¹³　mɔ⁵¹pɔk³³　mɔ⁵¹　hɔ⁵⁵　mɔ⁵¹　hən⁵¹,　hɯ¹³　mɔ⁵¹　het³³　mɔ⁵¹　sa:ŋ³³
不　去　杀　就　让　回去　　去　家　去　家　让　去　干活　去　建设

hɯ¹³ mə⁵¹ pok⁵⁵ hai³³ sai³⁵ na⁵¹, lɛ³³ ʔan⁵¹ ni³³ kɔ¹¹ leŋ¹¹ luk³³ leŋ¹¹ me⁵¹ kɔ¹¹ tsiŋ³⁵ di⁵⁵ jai³⁵
让 去 开 山地 种 田 了 这样 呢 就 养 儿 养 妻 就 才 要 长大

ka³⁵, lɛ³³ deu³⁵ ni³³ xɯn⁵¹ ma⁵¹ xɯn⁵⁵ sin⁵⁵ ni³³ sin⁵⁵ ni³³ pan⁵⁵ pai⁵⁵ lɛu¹¹ ni³³ man⁵¹ bau³⁵
了 了 现在 呢 却 来 弃 戒 呢 戒律 呢 传下去 了 呢 它 不

tsaːŋ³³ ʔau⁵⁵ pok³³, tsin¹¹ ni³³ ma⁵¹ lɛ³³nɔ⁵¹. lɛ³³ kam⁵¹ tai⁵¹ hau⁵¹ kɔ¹¹ va³³ kɔ¹¹ va³³ ʔan⁵¹
能 拿 回 这样 来 了 呢 然后 话 傣 我们 也 说 就 说 那

kam⁵¹ pak³⁵ ni³³ pak³⁵ pai⁵⁵ lɛu¹¹ ni³³, man⁵¹ bau³⁵ tsaŋ³³ ʔau⁵⁵ xɯn¹³ lɛ³³ ma⁵¹, kɔn³⁵ mai¹¹
话语 说 呢 说 出去 了 呢 它 不 能 回 头 了 来 木头

kɔn³⁵ tɔk³⁵ ni³³ dai¹³, kɔn³⁵ tʰɔn¹³ kɔn³⁵ kam⁵¹ ni³³ man⁵¹ bau³⁵ dai¹³. kɔ¹¹ pən³³ tsin¹¹ni³³
竹子 呢 可以 话语 誓言 呢 它 不 可以 就 因为 这样

tʰɛ⁵⁵lɛ³³nɔ⁵¹. xaːu³³ pʰaːn⁵¹pa³⁵ xɯn⁵⁵ sin⁵⁵ ni³³tsin¹¹ tʰi⁵⁵ni³³.
了 故事 猎人 弃 戒 呢 这样 了

　　猎人回家以后就开始持戒了，他不再出去打猎，也不下地干活。一家人没有了生活来源，只能饿肚子。妻子就跟猎人说："孩子他爹啊，你不去打猎，每天只知道持戒，再这样下去全家人都要饿死的。你赶紧去跟佛爷说，你不持戒了。"猎人没有办法，就来到佛寺找到佛爷，说："佛爷啊，自从我持戒以后，一家人就没有吃的了，老婆孩子都快要饿死了，我不持戒了，请您收回教给我的戒律吧！"佛爷说："戒律教给你，就像说出去的话、泼出去的水，是永远不能收回的。你不用去杀生，去耕种田地也能养活家人呀。"猎人来了三次，佛爷都跟他说同样的话。猎人终于明白了持戒的道理，于是就回家去老老实实地种田养家，认认真真地持戒了。

（波么保讲述，2018 年 4 月 25 日）

　　2015 年年底接到李锦芳老师的电话，推荐我申报西双版纳傣族语言文化典藏的语保项目，当时的心情很兴奋，挂了电话又感到很忐忑。调查研究傣语近 20 年了，对傣族丰富的语言文化现象有了许多了解，但之前一直注重语言本体的研究，对语言文化的关系关注较少，生怕自己做不好，辜负了李老师的期望。2016 年年初到北京语言大学进行了相关培训，对项目的艰巨性有了具体的认识，困难主要有三：其一是各民族的民俗、文化事象千差万别，没有现成的词表可用，调查手册只规定了语言文化典藏九大板块的内容，并提供了汉语方言的示例，具体的词表需要到田野调查中去完善；其二是有些文化现象是动态的，比如说节日节庆、农事活动、建筑活动、婚育丧葬等，要有很周密的时间计划才能拍摄到与词条对应的图片，一旦错过，补拍就有较大困难；其三是摄影摄像的技术薄弱，虽然在平时的田野调查中会拍一些照片，但典藏项目有更高的要求，需要进一步强化训练。对项目的困难有了认识后，心里反而踏实了，决定先把调查工作开展起来，遇到困难再想办法克服。

　　回到昆明后，在云南民族大学岩温罕老师的帮助下，我们马上组织了调查团队，并确定以景洪市下辖的勐罕镇（俗称橄榄坝）作为调查点。勐罕镇有 60 多个傣族寨子聚居在一起，传统文化的保存好于景洪周边及市郊的嘎洒镇，而且团队成员中的玉腊光罕就是勐罕镇曼迈龙寨子的人，占着天时地利及人和。

俗话说，好的开始是成功的关键。联系好团队，定好调查点，我马不停蹄地从昆明坐车到版纳，与正在寒假期间的团队成员玉腊光罕、希利补发、岩温罕会合，并严格按照语保项目的要求物色发音人，最后确定了曼乍的波么保先生做我们的发音人。波么保先生是一位银匠，是州级非物质文化遗产传承人，理解力强，声音洪亮清晰，吹拉弹唱样样精通，对本民族的文化有较深入的理解，在之后的调查中给我们提供了很多帮助。

调查的工作是艰辛的。我们走访了许多不同职业、不同年龄的傣族群众，向他们咨询建筑、饮食、服饰、节日、手工艺、婚丧嫁娶等方面的文化事象，以完善调查词表，这个工作几乎贯穿了整个项目的始终。每次去调查的时候都住在曼迈龙，白天就到周围各个寨子去拍摄与调查条目对应的图片或视频。晚上整理词表、图片、文化视频、编写文案，发现有新增的词条或可能拍摄到的图片，就列出表来，作为第二天的任务。每天都工作到很晚才能休息。

动态文化事象的拍摄难度较大。就拿傣族颇具特色的慢轮制陶来说，它包括挖陶泥、舂陶、制坯、晒坯、烤坯、烧陶、拣陶等很多个环节，一个流程下来要十几天。尤其是晒陶，还得看天气情况，有很多不确定因素。这是真正本地陶艺人的日常生活，他们靠陶器微薄的利润来补贴家用。它不像现代的傣陶作坊，有很多现代化的工具可用。在拍摄 72 岁的傣陶艺人咩涛香制作陶器时是 2017 年寒假，我们守候了近 20 天。好在她所在的寨子离我们调查点不算远，可以边等着拍摄边做其他工作。她的孙女负责提前给我们报告流程。只要一收到她的信息，我们马上背起器材，骑上摩托就去，怕错过某个环节。记得烧陶那天早上，老人家五点就起来抱柴准备烤陶了。因为传统傣陶制作要先烤后烧，在同一天完成，所以开工很早。我们火速赶到的时候，她刚好要点火。后来整个流程拍完的时候，那种胜利的喜悦真是难以言说。这样的乐趣也是我们调查的动力。但制陶还不是最难拍摄的，因为它是周而复始的，补拍比较容易实现。而像节日的拍摄，错过了就要等来年，丧事的拍摄就更难了，它是不可预知的。还好，在傣族朋友们的帮助下，我们还是顺利地完成了任务。

10-2 ◆调查组在西双版纳电视台摄录词条

　　静态的文化事象拍摄也没想象的那样容易。从下面的三则调查日记中，大家就可以体会到典藏调查之不易。

一个大水缸

　　我们要拍三个词条"梳头""裹头""盘髻"。年轻人都是新式发型了，一来没那么长的头发，二来有长头发的也不会梳老式发型。本来计划请玉腊的奶奶做模特儿，结果她到大女儿家做"米干"（卷粉，当地汉语方言叫米干）去了。玉腊的妈妈推荐去对面拍玉香大妈梳头。在寨里人的印象中，玉香大妈是一个每天都收拾得干干净净且头发梳得一丝不苟的女人。

　　站在自家院子里大声朝那对面说一声，大妈就爽快地答应了。

　　我们过去的时候，五十多岁的大妈穿戴整齐，站到竹楼的晒台上，在傍晚的霞光里一丝不苟地梳头、裹头、盘髻。她很淡定，面对镜头一点儿也不紧张。

拍摄完了，我们表达了谢意。正打算离开，忽然在晒台上发现了一个倒扣着的陶制大水缸，年代感十足！我们找这个东西很久了，原来它就在这里。赶忙把它抬过来拍照，很上镜，我觉得这是我见过的最美的水缸，也许是寻觅许久偶然得之的原因吧。

寻找"达寮"

"达寮"在傣族的日常生活中是一个很常用的辟邪物件，分为大小两种。在村寨的传统观念里，大"达寮"法力强，用在重要的场合，如赕勐、赕寨、贺新房等。小"达寮"法力不如大"达寮"，用在一般场合，如坐月子、赕田、赕地等。小"达寮"如一个长柄的棒棒糖形状，由篾片编成，柄长约半米，它的头编成盘子大的形状，盘中是多个六边形的孔。大"达寮"由三指宽的若干块竹片编插成一个刺猬般的饼形，饼里有多个六边形的孔，接头处用薄篾片扎紧。

小"达寮"很常见，大"达寮"却难得。我们这天的任务是寻找大"达寮"拍照。按照傣家的习俗，贺新房的时候，大"达寮"由佛爷开光后永久挂在竹楼楼梯的入口处。现在的新建砖混傣楼已经不挂了。玉腊的姐姐带着我们去刚上完新房的舅舅家寻找，结果只见到几个小"达寮"。舅舅说现在很少做大"达寮"贺新房了，嫌麻烦。他是寨子里的"召曼"，掌管供奉寨神的事务，他家不做了，估计本寨贺新房做大"达寮"的人真的没有了。舅舅推荐去寨子里的老房子寻找，我们把寨子里剩下的十几家傣楼翻遍了，也没找到大"达寮"的踪影。主人都说，大"达寮"难看，碍事，被拆下来当柴火烧掉了。竹楼的楼梯口挂的大"达寮"成了村里人共同的记忆。一位四十多岁的阿姨还说，以前坐月子上楼梯的地方要放一对小"达寮"，以免外人上楼打扰，现在也没人再插了。

我们走到岩庄边家的烧烤店旁，他与妻子玉的正在准备晚上烧烤的各种东西。知道了我们去找大"达寮"，岩庄边说可以找老人做一个，现在还有人会做。除非万不得已，我不想看一个老人做出一个已经消失了的物件来，因为新物件没有历史也没有故事。听说其他寨子的老竹楼的楼梯口会有，我想再去碰碰运气。

一条红毯

傣族没有床，只有铺。主人在自己的卧室里铺地铺。来了亲戚朋友，也在客厅铺地铺。男女睡一排，各睡一边即可。现在依然如此，我们调查就睡在玉腊家的客厅里，习以为常。因此在调查时，他们认为传统的被褥行李没什么特色，跟现代汉族完全一样了。

今天拍摄玉腊爷爷的大裆裤。大裆裤跟筒裙一个道理，不分正反面，只是有裆而已。腰和裆大得可以容下两个人还绰绰有余，穿进去，把腰一束，在前面留下大大一个褶子，扎个腰带。再穿个对襟上衣，常把其下摆束在裤子里。六十年前的傣族青年就是这身装束。很多年没人穿这样的裤子了。爷爷奶奶翻箱倒柜地寻找，翻出了以前的一块大大的白土布，一头织有光彩夺目的傣锦，奶奶说是旧时的床单。还有一个约一尺长半尺宽的手工枕头，小巧可爱，是奶奶年轻时手工制作的。我们以为是个小玩具，奶奶却说那时每个人的枕头都才这么大。爷爷拿出一条红色的毯子，两端各有两条三指宽的黑条纹，和汉族早年的毯子一样。爷爷说，在六十年前，每个小伙子都有这样的一条毯子，冷季来临，太阳落山就披上，走村串寨谈恋爱，出门当披肩，回家当被盖。还有一床红艳艳的被卧和一个手工缝制的黑色床垫，合起来就是一套完整的被褥行李。他们一边翻一边讲述那些过去的记忆。这是一代傣家人逝去的生活。我们听得有滋有味，但那时的景象只能努力去想象，而不可能身临其境了。在爷爷奶奶的回忆中，我们把这些老物件摆放整齐，拍下了一代人的被褥行李，并分享了他们的青春记忆。

奶奶的披肩

拍摄进入了最艰苦的阶段，没拍到的都是很难找到实物的了。服饰一节之前拍了一块披肩，那是现代服装设计师在男装左肩上增加的一个装饰，与传统的披肩根本不是一回事。后来听玉腊爷爷说奶奶那一代每个女人都有一块披肩，那天奶奶不在，今天专门请奶奶找找她旧时的披肩。她说，有是有过，两用的，既用来披着保暖，又用来背孩子，背孩子弄坏了，就扔了。还说当时五块钱买的。

玉腊的奶奶看我们失望的样子，就说再去问问寨子里的老人。我们去玉的烧烤店吃早点回来，奶奶在八十多岁的一位"咩涛"（老奶奶）那里寻到了一块绿色的披肩，奶奶也在感叹，因为这披肩七十多年了，比奶奶的年纪还大。

我摸了摸，是机织的麻布，很结实，周围是手工的花边，两头有装饰穗。奶奶给我们做模特，拍下了这最珍贵的一块披肩，我们似乎触碰到了过去的岁月。

项目的室内摄录工作比较顺利。2018年1月正式摄录，4月进行了个别词条的补录，都很顺利。我们由衷地感谢西双版纳电视台的刀江萍副台长、岩温罕副台长、岩轰主播，他们三位贵人鼎力相助，协调了一间录音室供项目组摄录使用。电视台的工作很忙，工作场地也有限，有好几次是白天他们用，晚上我们用。我们的一堆器材摆在那里，给他们带来了很多不便。他们却不以为意，仍然那么热情，这份情谊在我们心里永久珍藏。

"语言方言文化调查·景洪傣语"从立项到结项，历时近三年，调查工作进行了两年多，其间十余次到勐罕、景洪、勐海调查。除寒暑假外，开门节、关门节、泼水节、祭寨等活动不在假期进行，课题组就尽量提前安排好日常工作，按计划下去拍摄相关材料。

现在翻阅图册书稿，调查的经历还历历在目：顶着 40°C 的高温在曼将的老宅里翻弄老物件，通宵达旦地在曼乍佛寺里听经，清晨骑着摩托穿过浓雾弥漫的田野到山边的曼远拍摄贺新房，手指冻得按不动快门，走访老艺人弄清了一个文化词的具体内涵的快乐，拍到满意照片的欣喜，找不到拍摄物件的沮丧，夜半醒来为项目进展不顺利感到的无限担忧，一切的一切，如今都变成了最美好的记忆。

调查越深入，越强烈地意识到调查的价值。在现代化的进程中，傣语文化词汇正跟传统文化事象一起，渐渐隐退，典藏保护正当其时。许多傣族的有识之士，正在有意识地学习傣语傣文及其他的优秀传统文化。若本调查的成果，能对傣族传统文化的保护起到一些促进作用，对我们来说就是莫大的鼓舞。

何少林 2014 《中国少数民族大辞典·傣族卷》，云南民族出版社。

江应樑 1983 《傣族史》，四川民族出版社。

刘岩 1993 《南传佛教与傣族文化》，云南民族出版社。

喻翠容、罗美珍 1980 《傣语简志》，民族出版社。

喻翠容、罗美珍 2004 《傣仂汉词典》，民族出版社。

张公瑾 1986 《傣族文化》，吉林教育出版社。

张公瑾 1988 《傣族文化研究》，云南民族出版社。

周耀文、罗美珍 2001 《傣语方言研究》，民族出版社。

索引

1. 索引收录本书"壹"至"捌"部分的所有条目，按条目音序排列。"玖"里的内容不收入索引。

2. 每条索引后面的数字为条目所在正文的页码。

中国语言文化典藏

景
洪
傣
语

索
引

321

中国语言文化典藏

中国语言文化典藏

　　三年前承担这个课题的时候，我并没想到调查工作竟然如此辛苦。虽然不是母语人，但对于傣族的语言与文化的关注，算起来已经有 20 余年了，自我感觉知道得还是很多的。但当真正深入到寨子里，仔细去观察老百姓的建筑、日常用具、饮食、服饰、日常活动、手工艺、婚育丧葬、节日节庆等文化活动的时候，才发现自己是多么的无知。文化词汇的背后所包含的文化现象比我们想象的丰富，有的仪式不仅课题组的老师说不清楚，甚至连做仪式的人也一知半解，只知道做，而不知道为什么要这样做。例如：勐罕傣族在赕塔的时候，要做一个高大的"兰"，底部用篾片和布做成一条鱼或一匹马，背上驮着一座塔楼，四周用经幡、甘蔗、"九翅豆蔻"（一种象征吉祥的树）、竹子等装饰。为什么要做"兰"，做"兰"的老人也说不上来。后来多方访谈，终于明白做"兰"的意思是"鱼或马驮财物来纪念塔的诞生"。每当遇到这样问题的时候，我们就多方请教本民族的知识分子，努力做出一个合理的解释。在这个过程中，加强了团队成员对傣族文化的理解，也满足了我们的好奇心，虽然辛苦，但觉得很快乐。在进行文化调查的过程中，我时常后悔，2004 年到景洪嘎洒进行傣语实习，在曼沙寨子老乡的竹楼上住了半年，那个时候怎么没有细心的留意那些傣族文化呢？而且那时的文化保存得比现在更原汁原味。虽然萨丕尔早就说过"语言不能离开文化而存在"。我的导师张公瑾先生在给我们上"文化语言学"的时候，也始终教导我们注意语言和文化之间的关系。而在语言实习的时候还是错过了把语言和文化结合起来进行观察的机会。因此，在做这个课题之时，我感到非常庆幸，能够在十几年后重新认识傣族文化和傣族语言的博大精深。

　　书中部分与活动有关的图片我们总认为可以拍得更好一些，可是活动无法重来，也只好抱憾了。有些消失了的活动（如祭谷魂等）我们想努力复原，但最终还是未能如愿，无法展现，只能等待以后的机缘了。

中国语言文化典藏

作为外民族的人去做傣族的语言文化，离不开傣族人民的理解和帮助。尤其是在我们的调查点曼迈龙，每一次到寨子里都像回到自己的家乡一样，岩温一家像亲人一样地对待我们，而且还把所有认识的亲戚朋友都介绍给我们、帮助我们，让我们感激不尽。

我还要感谢课题组的成员。玉腊光罕、希利补发从组建团队那一天起，每一次调查我们都一起承担所有的辛苦与欢乐，直到课题验收的最后一刻我们都一直作为一个团队战斗在一起。也要感谢岩温罕老师帮助协调调查和录音的各项事宜，而且对书稿进行了详细审阅。

感谢发音人波么保老人与我们的密切合作，每一次到他家里去请教相关问题的时候，老人都耐心讲解，真的是知无不言，言无不尽。

感谢李锦芳老师的信任，推荐我们承担此项目，而且在课题进行中领导有方，让我们能够顺利完成。

感谢我的研究生邓晶晶、田津、徐春艳帮忙整理课题资料，他们的帮助让我感到很暖心。

最后要感谢我的家人，三年来，每个假期都奔波在调查的路上，谢谢你们的理解和支持。

祝福傣家人的日子越来越好，傣族语言文化的保护也越来越好。

保明所

2018 年 8 月 31 日

图书在版编目（CIP）数据

　中国语言文化典藏.景洪傣语/曹志耘，王莉宁，李锦芳主编；
保明所等著.—北京：商务印书馆，2022
　ISBN 978-7-100-21416-2

　Ⅰ.①中…　Ⅱ.①曹…②王…③李…④保…　Ⅲ.①傣语—研究
—景洪　Ⅳ.① H17

　中国版本图书馆 CIP 数据核字（2022）第 117713 号

中国语言文化典藏·景洪傣语

曹志耘　王莉宁　李锦芳　主编

保明所　玉腊光罕　岩温罕　希利补发　著

———————————————————————

商务印书馆出版
（北京王府井大街 36 号　邮政编码 100710）
商务印书馆发行
南京爱德印刷有限公司印刷
ISBN 978-7-100-21416-2

———————————————————————

2022 年 12 月第 1 版
2022 年 12 月第 1 次印刷
开本：787×1092　1/16
印张：21¼

定价：280.00 元

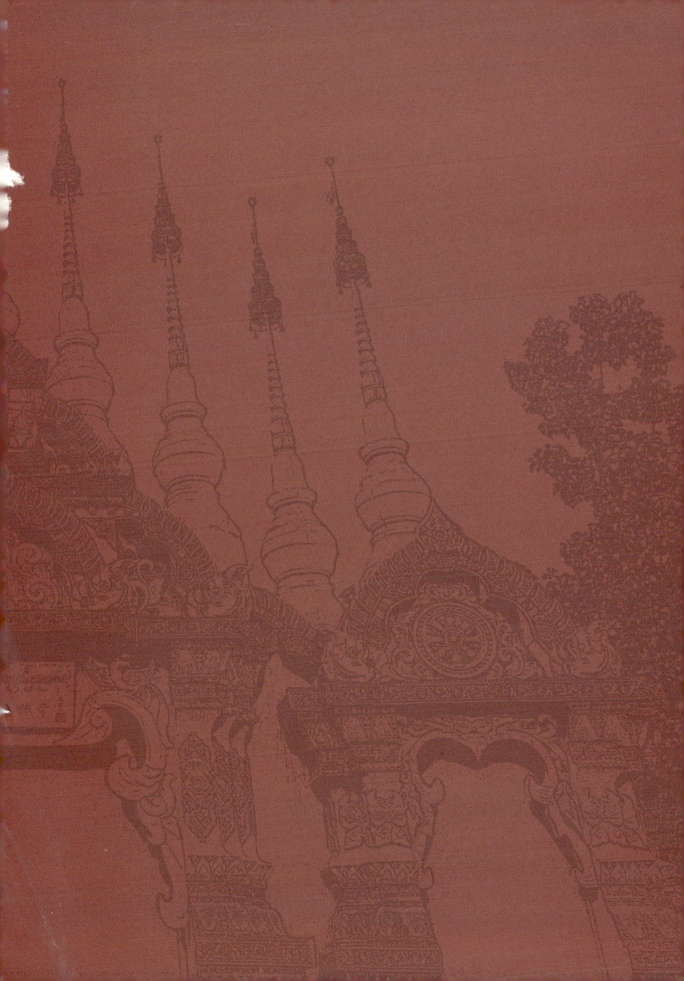